当代齐鲁文库·20世纪"乡村建设运动"文库

The Library of Contemporary Shandong

Selected Works of Rural Construction Campaign of the 20th Century

山东社会科学院 编纂

/14

山东乡村建设研究院 编

中国合作问题研究

中国社会科学出版社

图书在版编目(CIP)数据

中国合作问题研究／山东乡村建设研究院编．—北京：中国社会科学出版社，2019.11（2020.11重印）

（当代齐鲁文库．20世纪"乡村建设运动"文库）

ISBN 978-7-5203-5409-7

Ⅰ.①中⋯ Ⅱ.①山⋯ Ⅲ.①农业合作化运动—中国—文集 Ⅳ.①F329.0-53

中国版本图书馆CIP数据核字（2019）第233078号

出 版 人	赵剑英
责任编辑	冯春凤
责任校对	张爱华
责任印制	张雪娇

出　　版	中国社会科学出版社
社　　址	北京鼓楼西大街甲158号
邮　　编	100720
网　　址	http://www.csspw.cn
发 行 部	010-84083685
门 市 部	010-84029450
经　　销	新华书店及其他书店

印刷装订	北京君升印刷有限公司
版　　次	2019年11月第1版
印　　次	2020年11月第2次印刷

开　　本	710×1000 1/16
印　　张	10
插　　页	2
字　　数	138千字
定　　价	58.00元

凡购买中国社会科学出版社图书，如有质量问题请与本社营销中心联系调换
电话：010-84083683

版权所有　侵权必究

《当代齐鲁文库》编纂说明

不忘初心、打造学术精品，是推进中国特色社会科学研究和新型智库建设的基础性工程。近年来，山东社会科学院以实施哲学社会科学创新工程为抓手，努力探索智库创新发展之路，不断凝练特色、铸就学术品牌、推出重大精品成果，大型丛书《当代齐鲁文库》就是其中之一。

《当代齐鲁文库》是山东社会科学院立足山东、面向全国、放眼世界倾力打造的齐鲁特色学术品牌。《当代齐鲁文库》由《山东社会科学院文库》《20世纪"乡村建设运动"文库》《中美学者邹平联合调查文库》《山东海外文库》《海外山东文库》等特色文库组成。其中，作为《当代齐鲁文库》之一的《山东社会科学院文库》，历时2年的编纂，已于2016年12月由中国社会科学出版社正式出版发行。《山东社会科学院文库》由34部44本著作组成，约2000万字，收录的内容为山东省社会科学优秀成果奖评选工作开展以来，山东社会科学院获得一等奖及以上奖项的精品成果，涉猎经济学、政治学、法学、哲学、社会学、文学、历史学等领域。该文库的成功出版，是山东社会科学院历代方家的才思凝结，是山东社会科学院智库建设水平、整体科研实力和学术成就的集中展示，一经推出，引起强烈的社会反响，并成为山东社会科学院推进学术创新的重要阵地、引导学风建设的重要航标和参与学术交流的重要桥梁。

以此为契机，作为《当代齐鲁文库》之二的山东社会科学院

"创新工程"重大项目《20世纪"乡村建设运动"文库》首批10卷12本著作约400万字,由中国社会科学出版社出版发行,并计划陆续完成约100本著作的编纂出版。

党的十九大报告提出:"实施乡村振兴战略,农业农村农民问题是关系国计民生的根本性问题,必须始终把解决好'三农'问题作为全党工作重中之重。"以史为鉴,置身于中国现代化的百年发展史,通过深入挖掘和研究历史上的乡村建设理论及社会实验,从中汲取仍具时代价值的经验教训,才能更好地理解和把握乡村振兴战略的战略意义、总体布局和实现路径。

20世纪前期,由知识分子主导的乡村建设实验曾影响到山东省的70余县和全国的不少地区。《20世纪"乡村建设运动"文库》旨在通过对从山东到全国的乡村建设珍贵历史文献资料大规模、系统化地挖掘、收集、整理和出版,为乡村振兴战略的实施提供历史借鉴,为"乡村建设运动"的学术研究提供资料支撑。当年一大批知识分子深入民间,投身于乡村建设实践,并通过长期的社会调查,对"百年大变局"中的乡村社会进行全面和系统地研究,留下的宝贵学术遗产,是我们认识传统中国社会的重要基础。虽然那个时代有许多的历史局限性,但是这种注重理论与实践相结合、俯下身子埋头苦干的精神,仍然值得今天的每一位哲学社会科学工作者传承和弘扬。

《20世纪"乡村建设运动"文库》在出版过程中,得到了社会各界尤其是乡村建设运动实践者后人的大力支持。中国社会科学院和中国社会科学出版社的领导对《20世纪"乡村建设运动"文库》给予了高度重视、热情帮助和大力支持,责任编辑冯春凤主任付出了辛勤努力,在此一并表示感谢。

在出版《20世纪"乡村建设运动"文库》的同时,山东社会科学院已经启动《当代齐鲁文库》之三《中美学者邹平联合调查文库》、之四《山东海外文库》、之五《海外山东文库》等特色文库的编纂工作。《当代齐鲁文库》的日臻完善,是山东社会科学院坚持问题导向、成果导向、精品导向，实施创新工程、激发科研活力结出的丰硕成果，是山东社会科学院国内一流新型智库建设不断实现突破的重要标志，也是党的领导下经济社会全面发展、哲学社会科学欣欣向荣繁荣昌盛的体现。由于规模宏大，《当代齐鲁文库》的完成需要一个过程，山东社会科学院会笃定恒心，继续大力推动文库的编纂出版，为进一步繁荣发展哲学社会科学贡献力量。

山东社会科学院
2018 年 11 月 17 日

编纂委员会

顾　　问　徐经泽　梁培宽
主　　任　李培林
编辑委员会　唐洲雁　张述存　王兴国　袁红英
　　　　　韩建文　杨金卫　张少红
学术委员会（按姓氏笔画排列）
　　　　　王学典　叶　涛　刘显世　孙聚友
　　　　　杜　福　李培林　李善峰　吴重庆
　　　　　张　翼　张士闪　张凤莲　林聚任
　　　　　杨善民　宣朝庆　徐秀丽　韩　锋
　　　　　葛忠明　温铁军　潘家恩
总 主 编　唐洲雁　张述存
主　　编　李善峰

总　序

　　从传统乡村社会向现代社会的转型，是世界各国现代化必然经历的历史发展过程。现代化的完成，通常是以实现工业化、城镇化为标志。英国是世界上第一个实现工业化的国家，这个过程从17世纪资产阶级革命算起经历了200多年时间，若从18世纪60年代工业革命算起则经历了100多年的时间。中国自近代以来肇始的工业化、城镇化转型和社会变革，屡遭挫折，步履维艰。乡村建设问题在过去一百多年中，也成为中国最为重要的、反复出现的发展议题。各种思想潮流、各种社会力量、各种政党社团群体，都围绕这个议题展开争论、碰撞、交锋，并在实践中形成不同取向的路径。

　　把农业、农村和农民问题置于近代以来的"大历史"中审视不难发现，今天的乡村振兴战略，是对一个多世纪以来中国最本质、最重要的发展议题的当代回应，是对解决"三农"问题历史经验的总结和升华，也是对农村发展历史困境的全面超越。它既是一个现实问题，也是一个历史问题。

　　2017年12月，习近平总书记在中央农村工作会议上的讲话指出，"新中国成立前，一些有识之士开展了乡村建设运动，比较有代表性的是梁漱溟先生搞的山东邹平试验，晏阳初先生搞的河北定县试验"。

　　"乡村建设运动"是20世纪上半期（1901到1949年间）在中国农村许多地方开展的一场声势浩大的、由知识精英倡导的乡村改良实践探索活动。它希望在维护现存社会制度和秩序的前提下，通过兴办教育、改良农业、流通金融、提倡合作、办理地方自治与自卫、建立公共卫生保健制度和移风易俗等措施，复兴日趋衰弱的农村经济，刷新中国政治，复兴中国文化，实现所谓的"民族再造"或"民族自救"。在政治倾向上，参与"乡村建设运动"的学者，多数是处于共产党与国民党之间的'中间派'，代表着一部分爱国知识分子对中国现代化建设道路的选择与探索。关于"乡村建设运动"的意义，梁漱溟、晏阳初等乡建派学者曾提的很高，认为这是近代以来，继太平天国运动、戊戌变法运动、辛亥革命运动、五四运动、北伐运动之后的第六次民族自救运动，甚至是"中国民族自救运动之最后觉悟"。[①] 实践证明，这个运动最终以失败告终，但也留下很多弥足珍贵的经验和教训。其留存的大量史料文献，也成为学术研究的宝库。

"乡村建设运动"最早可追溯到米迪刚等人在河北省定县翟城村进行"村治"实验示范，通过开展识字运动、公民教育和地方自治，实施一系列改造地方的举措，直接孕育了随后受到海内外广泛关注、由晏阳初及中华平民教育促进会所主持的"定县试验"。如果说这个起于传统良绅的地方自治与乡村"自救"实践是在村一级展开的，那么清末状元实业家张謇在其家乡南通则进行了引人注目的县一级的探索。

20世纪20年代，余庆棠、陶行知、黄炎培等提倡办学，南北各地闻风而动，纷纷从事"乡村教育""乡村改造""乡村建设"，以图实现改造中国的目的。20年代末30年代初，"乡村建设运动"蔚为社会思潮并聚合为社会运动，建构了多种理论与实践的乡村建设实验模式。据南京国民政府实业部的调查，当时全国从事乡村建设工作的团体和机构有600多个，先后设立的各种实验区达1000多处。其中比较著名的有梁漱溟的邹平实验区、陶行知的晓庄实验区、晏阳初的定县实验区、鼓禹廷的宛平实验区、黄炎培的昆山实

[①]《梁漱溟全集》第五卷，山东人民出版社2005年版，第44页。

验区、卢作孚的北碚实验区、江苏省立教育学院的无锡实验区、齐鲁大学的龙山实验区、燕京大学的清河实验区等。梁漱溟、晏阳初、卢作孚、陶行知、黄炎培等一批名家及各自领导的社会团体，使"乡村建设运动"产生了广泛的国内外影响。费正清主编的《剑桥中华民国史》，曾专辟"乡村建设运动"一节，讨论民国时期这一波澜壮阔的社会运动，把当时的乡村建设实践分为西方影响型、本土型、平民型和军事型等六个类型。

1937年7月抗日战争全面爆发后，全国的"乡村建设运动"被迫中止，只有中华平民教育促进会的晏阳初坚持不懈，撤退到抗战的大后方，以重庆璧山为中心，建立了华西实验区，开展了长达10年的平民教育和乡村建设实验，直接影响了后来台湾地区的土地改革，以及菲律宾、加纳、哥伦比亚等国家的乡村改造运动。

"乡村建设运动"不仅在当事者看来"无疑地已经形成了今日社会运动的主潮"，[①] 在今天的研究者眼中，它也是中国农村社会发展史上一次十分重要的社会改造活动。尽管"乡村建设运动"的团体和机构，性质不一，情况复杂，诚如梁漱溟所言，"南北各地乡村运动者，各有各的来历，各有各的背景。有的是社会团体，有的是政府机关，有的是教育机关；其思想有的左倾，有的右倾，其主张有的如此，有的如彼"[②]。他们或注重农业技术传播，或致力于地方自治和政权建设，或着力于农民文化教育，或强调经济、政治、道德三者并举。但殊途同归，这些团体和机构都关心乡村，立志救济乡村，以转化传统乡村为现代乡村为目标进行社会"改造"，旨在为破败的中国农村寻一条出路。在实践层面，"乡村建设运动"的思想和理论通常与国家建设的战略、政策、措施密切

[①] 许莹涟、李竟西、段继李编述：《全国乡村建设运动概况》第一辑上册，山东乡村建设研究院1935年出版，编者"自叙"。

[②] 《梁漱溟全集》第二卷，山东人民出版社2005年版，第582页。

相关。

在知识分子领导的"乡村建设运动"中,影响最大的当属梁漱溟主持的邹平乡村建设实验区和晏阳初主持的定县乡村建设实验区。梁漱溟和晏阳初在从事实际的乡村建设实验前,以及实验过程中,对当时中国社会所存在的问题及其出路都进行了理论探索,形成了比较系统的看法,成为乡村建设实验的理论根据。

梁漱溟曾是民国时期宪政运动的积极参加者和实践者。由于中国宪政运动的失败等原因,致使他对从前的政治主张逐渐产生怀疑,抱着"能替中华民族在政治上经济上开出一条路来"的志向,他开始研究和从事乡村建设的救国运动。在梁漱溟看来,中国原为乡村国家,以乡村为根基与主体,而发育成高度的乡村文明。中国这种乡村文明近代以来受到来自西洋都市文明的挑战。西洋文明逼迫中国往资本主义工商业路上走,然而除了乡村破坏外并未见都市的兴起,只见固有农业衰残而未见新工商业的发达。他的乡村建设运动思想和主张,源于他的哲学思想和对中国的特殊认识。在他看来,与西方"科学技术、团体组织"的社会结构不同,中国的社会结构是"伦理本位、职业分立",不同于"从对方下手,改造客观境地以解决问题而得满足于外者"的西洋文化,也不同于"取消问题为问题之解决,以根本不生要求为最上之满足"的印度文化,中国文化是"反求诸己,调和融洽于我与对方之间,自适于这种境地为问题之解决而满足于内者"的"中庸"文化。中国问题的根源不在他处,而在"文化失调",解决之道不是向西方学习,而是"认取自家精神,寻求自家的路走"。乡村建设的最高理想是社会和政治的伦理化,基本工作是建立和维持社会秩序,主要途径是乡村合作化和工业化,推进的手段是"软功夫"的教育工作。在梁漱溟看来,中国建设既不能走发展工商业之路,也不能走苏联的路,只能走乡村建设之路,即在中国传统文化基础上,吸收西方文化的长处,使中西文化得以融通,开创民族复兴的道路。他特别强调,"乡村建设,实非建设乡村,而意在整个中国社会之建设。"① 他将乡村建设提到建国的高度来认识,旨在为中国"重建一新社会组织构造"。他认为,救济乡村只是乡村建设的"第一层意义",乡村建设的"真意义"在于创造一个新的社会结构,"今日中国问题在其千年相沿袭之社会组织构造既已崩溃,而新者未立;乡村建设运动,实为吾民族社会重建一新组织构造之运动。"②只有理解和把握了这一点,才能理解和把握"乡村建设运动"的精神和意义。

晏阳初是中国著名的平民教育和乡村建设专家,1926年在河北定县开始乡村平民教育实验,1940—1949年在重庆歇马镇创办中国乡村建设育才院,后改名中国乡村建设学院并任院长,组织开展华西乡村建设实验,传播乡村建设理念。他认为,中国的乡村建设之所以重要,是因为乡村既是中国的经济基础,也是中国的政治基础,同时还是中国人的基础。"我们不愿安居太师椅上,空做误民的计划,才到农民生活里去找问题,去解决问题,抛下东洋眼镜、西洋眼镜、都市眼镜,换上一副农夫眼镜。"③ 乡村建设就是要通过长期的努力,去培养新的生命,振拔新的人格,促成新的团结,从根本上再造一个新的民族。为了实现民族再造和固本宁邦的长远目的,他在做了认真系统的调查研究后,认定中国农村最普遍的问题是农民中存在的"愚贫弱私"四大疾病;根治这四大疾病的良方,就是在乡村普遍进行"四大教育",即文艺教育以治愚、生计教育以治贫、卫生教育以治弱、公民教育以治私,最终实现政治、教育、经济、自卫、卫生、礼俗"六大建设"。为了实现既定的目标,他坚持四大教育连锁并进,学校教育、社会教育、家庭教育统筹协调。他把定县当作一个"社会实验室",通过开办平民学校、创建实验农场、建立各种合作组织、推行医疗卫生保健、传授

---

① 《梁漱溟全集》第二卷,山东人民出版社2005年版,第161页。
② 同上。
③ 《晏阳初全集》第一卷,天津教育出版社2013年版,第221页。

农业基本知识、改良动植物品种、倡办手工业和其他副业、建立和开展农民戏剧、演唱诗歌民谣等积极的活动,从整体上改变乡村面貌,从根本上重建民族精神。

可以说,"乡村建设运动"的出现,不仅是农村落后破败的现实促成的,也是知识界对农村重要性自觉体认的产物,两者的结合,导致了领域广阔、面貌多样、时间持久、影响深远的"乡村建设运动"。而在"乡村建设运动"的高峰时期,各地所开展的乡村建设事业历史有长有短,范围有大有小,工作有繁有易,动机不尽相同,都或多或少地受到了邹平实验区、定县实验区的影响。

20世纪前期中国的乡村建设,除了知识分子领导的"乡村建设运动",还有1927-1945年南京国民政府推行的农村复兴运动,以及1927-1949年中国共产党领导的革命根据地的乡村建设。

"农村复兴"思潮源起于20世纪二三十年代,大体上与国民政府推动的国民经济建设运动和由社会力量推动的"乡村建设运动"同时并起。南京国民政府为巩固政权,复兴农村,采取了一系列措施:一是先后颁行保甲制度、新县制等一系列地方行政制度,力图将国家政权延伸至乡村社会;二是在经济方面,先后颁布了多部涉农法律,新设多处涉农机构,以拯救处于崩溃边缘的农村经济;三是修建多项大型水利工程等,以改善农业生产环境。1933年5月,国民政府建立隶属于行政院的农村复兴委员会,发动"农村复兴运动"。随着"乡村建设运动"的开展,赞扬、支持、鼓励铺天而来,到几个中心实验区参观学习的人群应接不暇,平教会甚至需要刊登广告限定接待参观的时间,南京国民政府对乡建实验也给予了相当程度的肯定。1932年第二次全国内政工作会议后,建立县政实验县取得了合法性,官方还直接出面建立了江宁、兰溪两个实验县,并把邹平实验区、定县实验区纳入县政实验县。

1925年,成立已经四年的中国共产党,认识到农村对于中国革命的重要性,努力把农民动员成一股新的革命力量,遂发布《告农民书》,开始组织农会,发起农民运动。中国共产党认为中国农村问题的核心是土地问题，乡村的衰败是旧的反动统治剥削和压迫的结果，只有打碎旧的反动统治，农民才能获得真正的解放；必须发动农民进行土地革命，实现"耕者有其田"，才能解放农村生产力。在地方乡绅和知识分子开展"乡村建设运动"的同时，中国共产党在中央苏区的江西、福建等农村革命根据地，开展了一系列政治、经济、文化等方面的乡村改造和建设运动。它以土地革命为核心，依靠占农村人口绝大多数的贫雇农，以组织合作社、恢复农业生产和发展经济为重要任务，以开办农民学校扫盲识字、开展群众性卫生运动、强健民众身体、改善公共卫生状况、提高妇女地位、改革陋俗文化和社会建设为保障。期间的尝试和举措满足了农民的根本需求，无论是在政治、经济上，还是社会地位上，贫苦农民都获得了翻身解放，因而得到了他们最坚决的支持、拥护和参与，为推进新中国农村建设积累了宝贵经验。与乡建派的乡村建设实践不同的是，中国共产党通过领导广大农民围绕土地所有制的革命性探索，走出了一条彻底改变乡村社会结构的乡村建设之路。中国共产党在农村进行的土地革命，也促使知识分子从不同方面反思中国乡村改良的不同道路。

"乡村建设运动"的理论和实践，说明在当时的现实条件下，改良主义在中国是根本行不通的。在当时国内外学界围绕乡村建设运动的理论和实践，既有高歌赞赏，也有尖锐批评。著名社会学家孙本文的评价，一般认为还算中肯：尽管有诸多不足，至少有两点"值得称述"，"第一，他们认定农村为我国社会的基本，欲从改进农村下手，以改进整个社会。此种立场，虽未必完全正确；但就我国目前状况言，农村人民占全国人口百分之七十五以上，农业为国民的主要职业；而农产不振，农村生活困苦，潜在表现足为整个社会进步的障碍。故改进农村，至少可为整个社会进步的张本。第二，他们确实在农村中不畏艰苦为农民谋福利。各地农村工作计划虽有优有劣，有完有缺，其效果虽有大有小；而工作人员确脚踏实地在改进农村的总目标下努力工作，其艰苦耐劳的精神，殊足令人起敬。"① 乡村建设学派的工作曾引起国际社会的重视，不少国家于二次世界大战后的乡村建设与社区重建中，注重借鉴中国乡村建设学派的一些具体做法。晏阳初 1950 年代以后应邀赴菲律宾、非洲及拉美国家介绍中国的乡村建设工作经验，并从事具体的指导工作。

总起来看，"乡村建设运动"在中国百年的乡村建设历史上具有承上启下、融汇中西的作用，它不仅继承自清末地方自治的政治逻辑，同时通过村治、乡治、乡村建设等诸多实践，为乡村振兴发展做了可贵的探索。同时，"乡村建设运动"是与当时的社会调查运动紧密联系在一起的，大批学贯中西的知识分子走出书斋、走出象牙塔，投身于对中国社会的认识和改造，对乡村建设进行认真而艰苦地研究，并从丰富的调查资料中提出了属于中国的"中国问题"，而不仅是解释由西方学者提出的"中国问题"或把西方的"问题"中国化，一些研究成果达到了那个时期所能达到的巅峰，甚至迄今难以超越。"乡村建设运动"有其独特的学术内涵与时代特征，是我们认识传统中国社会的一个窗口，也是我们今天在新的现实基础上发展中国社会科学不能忽视的学术遗产。

历史文献资料的收集、整理和利用是学术研究的基础，资料的突破往往能带来研究的创新和突破。20 世纪前期的图书、期刊和报纸都有大量关于"乡村建设运动"的著作、介绍和研究，但目前还没有"乡村建设运动"的系统史料整理，目前已经出版的文献多为乡建人物、乡村教育、乡村合作等方面的"专题"，大量文献仍然散见于各种民国"老期刊"，尘封在各大图书馆的"特藏部"。本项目通过对"乡村建设运动"历史资料和研究资料的系统收集、整理和出版，力图再现那段久远的、但仍没有中断学术生命的历史。一方面为我国民国史、乡村建设史的研究提供第一手资料，推进对"乡村建设运动"的理论和实践的整体认识，催生出

---

① 孙本文：《现代中国社会问题》第三册，商务印书馆 1944 年版，第 93－94 页。

高水平的学术成果；另一方面，为当前我国各级政府在城乡一体化、新型城镇化、乡村教育的发展等提供参考和借鉴，为乡村振兴战略的实施做出应有的贡献。

由于大规模收集、挖掘、整理大型文献的经验不足，同时又受某些实际条件的限制，《20世纪"乡村建设运动"文库》会存在着各种问题和不足，我们期待着各界朋友们的批评指正。

是为序。

2018年11月30日于北京

编辑体例

一、《20世纪"乡村建设运动"文库》收录20世纪前期"乡村建设运动"的著作、论文、实验方案、研究报告等，以及迄今为止的相关研究成果。

二、收录文献以原刊或作者修订、校阅本为底本，参照其他刊本，以正其讹误。

三、收录文献有其不同的文字风格、语言习惯和时代特色，不按现行用法、写法和表现手法改动原文；原文专名如人名、地名、译名、术语等，尽量保持原貌，个别地方按通行的现代汉语和习惯稍作改动；作者笔误、排版错误等，则尽量予以订正。

四、收录文献，原文多为竖排繁体，均改为横排简体，以便阅读；原文无标点或断句处，视情况改为新式标点符号；原文因年代久远而字迹模糊或纸页残缺者，所缺文字用"□"表示，字数难以确定者，用（下缺）表示。

五、收录文献作为历史资料，基本保留了作品的原貌，个别文字做了技术处理。

编者说明

1935年11月，山东乡村建设研究院编印了《中国合作问题研究》文集，由邹平乡村书店发行，1936年7月增订再版。该书收录了孙廉泉、高赞非、秦亦文等人讨论中国合作问题的文稿十三篇。本次编辑，以山东乡村建设研究院1936年版本，收入《20世纪"乡村建设运动"文库》。

目　次

一　合作事业研究纲要 …………………………………（ 1 ）
二　中国合作运动之路向 ………………………………（ 19 ）
三　中国合作实施问题 …………………………………（ 34 ）
四　乡村合作事业之推进问题 …………………………（ 50 ）
五　乡村学在合作运动上的功能 ………………………（ 65 ）
六　邹平学制与合作运动 ………………………………（ 75 ）
七　关于农村合作的几个问题 …………………………（ 85 ）
八　谈办合作社问题 ……………………………………（ 93 ）
九　合作社与农村经济 …………………………………（ 99 ）
十　农业仓库经营论 ……………………………………（106）
十一　邹平实验县令各乡发行仓谷证券之旨趣与办法 …（114）
十二　成立菏泽农民银行刍议 …………………………（119）
十三　丹麦的合作运动与土地政策 ……………………（129）

合作事业研究纲要

孙廉泉

I 合作社是什么

就形势来说，合作社好像一种纯粹的经济团体，其实他并不单在经济利害上着眼，他是指明此种组织，乃人类生活表现上的一个合理方式。譬如说："吃"，合作社不仅指示出如何可以得到"吃"的东西，还可以指出攫得"吃"的东西的手段之合理化。所以说合作社是解决了人类生活的整个；即是一方面用合作社巧妙的组织，得到了生活的手段，同时另一方面可以使人类的生活，日趋于合理。根据以上的意思，我们可以给合作社下一个定义，即是：

"合作社是将人的自助互助之良能，引伸到经济生活上，而为有规则之组织，以指示出人类合理的经济生活形式。"

II 合作社之分类

合作社在事业上之分类，应括为下之四种：

一、信用合作社　办理各社员资金之贷借，及储蓄等事。

二、运销合作社　办理各社员之生产物，加工或不加工之运销事宜。

三、购买合作社　购买产业上，或经济上必须物品，加工或不加工，分售于社员。

四、利用合作社　办理产业上，或经济上必要的设备，以备社员之使用。

若一个合作社，兼营两种以上的事务，谓之兼营合作社，如信用购买合作社，信用，运销，利用，合作社之类是。

合作社社员，因为对于合作社责任担负之不同，又区为以下三种：

一、有限责任合作社　社员对于合作社的债务，以各社员所出的股资为限。

二、无限责任合作社　合作社之财产，不能清偿其债务时，全体社员担负连带的无限责任。

三、保证责任合作社　合作社之财产，不能清偿其债务时，全体社员于所出之股资外，又担负一定之金额。

Ⅲ　信用合作社

甲、信用合作社对于农村金融之影响

解决中国农村间的金融问题，应常注意之要点有二，即：

1. 金融之停滞　中国农村社会，虽因工商资本主义之侵入，而渐渐打破自给自足的生活，可是农民的金融机关迄今仍无健全的组织，一般农民，由血汗积聚些许金资，都是深藏密储，惟恐人知，因此之故，此项金资在社会上所以能发挥其流通之效力者，只在有无相通之时，其余长的时间，完全失其效用，此种农村间金融停滞，而不流通的现象，实为促成农业上停滞，而不进化之一大原因。

2. 高利盘剥　现在金融的组织，其原则皆建筑在资本主义之上，对于贷借上之重要条件，所谓"巨额""短期""信用确实"，等等。均为大资产者所具有，而与一般农民完全无缘；以是农民间之借贷，不得不任凭高利贷者之宰割。至若青黄不接之时，借贷无方，所受艰苦更足痛心。唐人聂夷中咏田家诗云：

"二月卖新丝，五月粜新谷；医得眼前疮，剜却心头肉"！

这是何等的悲哀，今则农村生活，因种种摧残，其困窘艰难，倍增于昔时；普遍的农民，都是在这种悲惨的哀鸣中，度其非人道之生活。以是农民的借贷问题，到现在更觉深刻严重了。

信用合作社，确负有解决这两种困难的能力。因为他是一种自助助人，相互组织的金融机关。他不惟与其它完全为自己而组织的经济机关大不相同，即与其他完全为助人的相互组织之慈善团体，亦异其趣。他特别注意提倡农民储蓄之美德，而能与农民储蓄上之种种方便，而且社员间，彼此有相互连带责任之故，能使储蓄者，盛到密藏私室，不若储蓄合作社中之较为稳妥。因此凡作了信用合作社的社员，其往日所深藏密储之"死的"资金，而今皆乐意的提供于世。使农村间的金融，圆滑流通，而无停滞之弊。至若合作社之借贷事业，专对本社社员而设。自己贷给自己，当然没有高利盘剥之流毒了。

乙、组织中国乡村信用合作社应注意之事项

一　区域

信用合作社的创始者，雷发巽氏所标之邻人主义，为信用合作社之重要信条。若在中国，其一般农村，多系聚族而居。是则在中国所谓邻人者，又多了血统上的宗族关系。邻人爱，勿宁说是兄弟爱。故中国信用合作社之区域，当以一个自然形成之村落，或密迩之邻村为标准。固然居住在一个村落，或耕地接比之临近村落里，虽亦有异姓同居的情形，然以其利害多共同之点，情义尽守望之助；某人信用如何，某人财产如何，某人将兴，某人将败，彼此皆能极相了解。而今在经济上，又与以坚强的连带组织，则相互关切，而相互援助的行为，必更能发挥其伟大之效果。

二　组织

在中国乡村里，一切结社，其组织愈简单，则愈易收效。因为一般人民，头脑简单，组织的习惯，尚未养成，而合作社又在初创的时候，一般人民，正病于新政，"合作社"三字，在他们的脑子里，从未接受过，若未见其利，先见其繁，则合作之路，恐将为此种障碍阻止，而不能进展。兴革乡村事业者，关于此点，不可不深致意焉。且也，现在仿抄的合作社之组织，正因其烦之所在，而违了人类生活向上之意义，更不可不痛加改革，兹略论其要点：

合作的思潮，传入中国，一般致力于合作运动者，对于合作之组织，皆极尽抄袭之能事。故一般的合作之组织，率皆有两个机关之对立，即有一个执行机关，一个监察机关，充分表示，分工与牵制的精神，如各部有各部的事，而统于理事会，此即其分工精神。又恐理事会有毛病，又恐监事会以监督之，此即其牵制之精神。合此两种精神而组织之，始称严密。此有毛病，又恐理事会以监督之，此即其牵制之精神。合此两种精神而组织之，始称严密。此种组织，恰如一个机器，一处动，即无一处不动，而又有力以牵制之，故其动又甚有规律。这种组织的精神，在西洋的社会里面，可说是无一种组织不表现出来。故合作的组织，亦充分的表现此特点。然此种倾向，颇不合中国农人之习惯，因为在中国社会里，维持平衡，不是靠此种牵制的力量，而多是靠传统的习惯，和是非的观念。牵制原靠力量之互相接触，而中国人则力量，却多往内用，而少向外用。言人之短，与好管闲事，最为人所不喜。即自己喜欢作，亦多知其不应当。你如叫他监察别人，他真将不知如何监察。又一方面，如处理一事，要时时受人监察，亦为中国人所痛恶。因为不受人相信，受人猜疑，这是最叫中国人难堪之事。这种习惯，普通人皆有，而乡间人尤甚。因是之故，你给他这种牵制之办法，他真不知如何应用。强拿来用，则定出毛病，此种组织的精神，骨子内是防人作恶，可以说是完全注意了人类恶的方面。这样把人类的精神，都看成如是的低下，其意味益何浅薄。此于我们所期望于合作经济者，真大相径庭了。我们对于社会的希望，不惟要他有组织，还要希望在组织上含着高的意味。至于具体的办法，究竟如何始能适合，虽有待于实验，但以我们所见，则不要监察会的组织，确是我们确定的主张。故合作社之组织，只有理事会。置理事七人或五人，由社员大会推选之。再由理事中推出社长一人。我们理想的社长，当然系有德，有齿，有才者。如三者不能兼备，则须年高有德之士。社长之任务，一方监察诸办事人之勤怠，一方勉励各社员之行为。此社长大有家长乡师之意味。其实在一个村落区域内，其它社员，恐多是其宗邻子弟行，而皆以其一言为重者。此外公推信用评定五人或七人，而组织信用评定委员会。此信用评定委员会，专为决定各社员之信用程度，交之理事会以作放款之标准。兹将日本任田林信用购买合作社，信用评定之标准，书之如下，只备参考：

性行五十分　贮金二十分　股数十分　财产十分　家庭状况十分（即是否勤俭和睦）按以上所定，共分十五分等，作为贷付款子之最高度。盖信用合作社，需先决定贷款之最高额数，而不得超过此数也。至若社员大会之招集，或每月一次，或每季一次，均视地方情形斟酌之，似不必拘定。

三　业务

我国信用合作社，既负解决金融流通，及庶民借贷两问题，故其事务上之办理，常就此两点着眼。换言之，即如何能使社员有存储之便，及如何使社员为有效之贷款。兹分别言之：

1. 存储问题　中国农民较之任何国民，都富有储蓄性。以故储蓄之倡导，较其他各国，均为容易。若信用合作而能积极提倡此等事，则亦易于引起乡老们的同情。现在我们都做了有效的生产事业，且是农村金融解决之道，应在农民自身上着想，提醒他们，使了解自救之法，是信用合作社最大目的；今有人视信用合作社，为一种联合借贷的团体，实在是一个错误的见解。现在我们对于信用合作完成此使命之办法，列举数项，以为办理信用合作社者，作参考：

往来存款——此种存款，多在农民办理交易时。此为华北集镇诸钱店，极重视此种业务。信用合作社经营此事，更能与农民以便利。若系兼营运销的信用合作社，此项来往存款，更为重要。譬如各社员之产品，共同运销之后，在结算的时期，即可将其所得，归入来往存款项下。来往存款之利息，较其他存款，比较为轻。如定期存款为六厘或八厘，则往来存款不过四五厘。又由乡村信用合作社办理透支存款，对社员亦甚方便，此种存款在乡村无什么危险，因为各社员之需款与否，多能预知。惟透支的利息，当以放款之最高率为标准，存款以活期为标准。

定期存款——此信用合作社所当竭力提倡者，存款之利率，视其期限之长短而有区别。以上两种存款的办法，皆普通金融机关的业务。不过由信用合作社来作，更为便利；因为居住在一个乡区内，对于储金的搜集，自简单易行。即零星小额的存储，亦不至有烦劳之感。

规约储金——在我国的农村里，这种规约之储金，极为普遍，其办法亦不尽同，如挂籤会、聚钱社，皆良法也。若信用合作社经营此种储金，则可就各地的习惯储金，使他有规律的发达即可。

戒烟酒储金——烟酒之宜戒，乃尽人皆知，惟此种嗜好既已养成，一旦戒除，甚感不易，故乡村间，每有戒烟酒之结社，由团体之监督，以增加其改过之勇气。这样的组织，即顽固之人，以及妇孺。对此亦有好感，而乐于促成。昔有乡人某，嗜旱烟，日需钱三二十文，其妻规之不能戒，妻则以其夫购烟之时，必以同等之钱另投瓦罐中，待年终需钱孔急之时，其妻倾罐出钱，得济燃眉。后其夫立志戒除，妻亦忘却储钱之事，乃年终而两手空空，窘急如昔。此盖描写戒嗜好，与储蓄之两重要也。现在"天理会"，"在理"者，皆戒绝烟活。此乃投社会之所好，以扩张该迷信的密秘结合之势力。迩来此会极为通行，每于乡村燕会之际，率多以"在理"；"无理"相问。如"在理"者再行饮酒吃烟，谓之"反理"，"反理"时，自己总觉违背信誓，于心不安，故其效甚大。然此仅能戒烟酒，若再以每日吸食烟酒之费，便有储蓄之便，其效当更大也。信用合作社，正宜斟酌损益，办理此项业务。

喜庆储金——社员有生子育女之喜，社长表示祝意，而赠以储金券，量力作储蓄之事，或每月储金若干，或每季节储金若干；若约定其小儿将来每当过生时，储金若干；此项储金，或为子女将来嫁娶之费，或为其教育费均可。

备荒储金——防歉观念，深入于乡民之脑海中。如义仓，社仓之类，大半是含此意义的合作组织。不过现在所谓农业仓库者，则超越此种意义。当此交通方便之际，粮食的运输，并无前此之困难，故存储粮食以备荒，不如储金之便。因为储粮备荒，不惟不如储金之不与以生息，且多消耗，及须要烦难的设备也。因此合作社，可提倡此项储蓄的办法，各社员□储于常年，以作意外之防备，每户能使有一个年的备荒之资，即此亦算合作社之一大成功也。此种办法，在中国一般村民中，都能感到需要，因势利导，易于收效也。

此外在我们乡村社会里，似此储蓄之类的结合，所在多有。信用合作社，正可因势利导，养成为有规律之习惯。这是信用合作社所负之一大任务。最近日本乡村间，信用合作社，对此亦特为注意，如东京府下，新立信用合作社，有所谓"纳税储金"，即将社员每年应缴纳之课税，分十二等份而分月储纳也。"励农储金"，即每年开农产物品展览会，将各社员选送之优良产品，售出而储蓄之。"养老储金"，其含意亦极深远。即各社员于壮年之际，每年储蓄若干，以作晚年之用；譬如每年存入二十元，连续二十年，总计原本不过四百元，而此二十年间之复利，即以年利八厘计，约可滚成一千余元。每年生息可有八九十元之谱，作晚年养老之补助，诚善法也。又有"家庭造成储金"；如每年一元，连续储一百元，复利以年利一分计，可有一万二千七百八十余元之巨，极能引起一般人民之储蓄思想。此类办法：皆是一方面养成农民储蓄之美德，一方面可零星搜集农民的资金，作农村社会上有效活动。存款的利率，自当以存款的性质而有不同，若标准的定期存款，应视各地情形而定，如有储蓄金融机关的地方，最低也要与之相等，普通总以稍高为是，再还须以放款之利率为标准，大约能相差三四厘即可。至若利息之计算，或以年利，或以月利，亦当视各地情形及存款性质而定。

2. 贷款问题　有人谓信用合作社，为一种债务者之团体。即是一般需用贷款的人，组织起来，设法得到借款的便利；贷款之方式，因各地情形之不同，而各有区别，兹略举数项以资参考：

信用放款——此乃凭社员个人之信用，而贷与资金之一种放款，为信用合作社特具之色彩。所谓"人格资金化"者是也。现在我们乡间，尚盛行此种办法，"一言为定，永不反悔"诚为我乡民中可爱之敦厚风尚，各信用合作社，对于各社员又经信用评定会品定，并复监督其用途，故此种借款，必无若何危险。

保证贷款——即一个社员贷款时，须一个以上的保证人。此种贷款，在最近乡村社会中亦甚流行。日本之所谓信用贷款者，多须有二人以上信用确实者作保证之规定。我国信用合作社之放款，为稳妥计，正可如此想定。然亦须斟酌地方情形办理。

担保或抵押放款——即贷款者提出动产或不动产作担保，与当铺典质的办法略同。此种贷款的办法，在诸外国合作社的放款中，颇占重要。不过吾国乡村间社员，彼此皆有乡党宗族的关系，几许资金之贷付，尚须索求担保物品，这样的不能信任，每易引起社员间不快之感。

往来透支放款——此类活期放款，对于社员极便利，前已略言之。乡村间经营此种放款，虽不如对小工商者之重要，然亦应占一重要位置。且在乡村间经营此项往来透支，彼此都甚熟悉，亦不含什么危性。

农业信用放款——此与放青苗的办法略同。不过放青苗，是收放粮食；此则是指苗作保以贷款。故此亦可是一种对物信用。我国信用合作社，是否可以经营此项事务。亦可斟酌地方情形而定。

以上几种贷款的办法，未必尽合于各地情形，须就地方习惯与全体社员之议决。但对于社员之放款方式，不要有些许歧视。贷款需要保证信物，当明白规定在章程之上；亦有信用贷款，只许每人二十元或三十元，二十元或三十元以上之贷款，则须有确实担保者。这样的规定，也是合适。此外在外国的信用合作社经营贴现放款之事，亦甚通行。此种放款的办法即是对于一员的信票、汇票之类，按照票面银数，将至期满时的利息先行扣除，而将余款放给社员。

至若放款的利息，总是愈低愈妙。因为合作社负着解除高利贷的使命。但其限度，应视地方情形而定，总要较普通放款的利率稍低。譬如普通放款为二分，合作社应规为一分七八厘左右为宜。利息的计算，短期以月利，长期以年利，若日利在乡村间甚不通行也。

借款之最高额，应先有明白之规定，可由每年社员大会时取决之。借款固视借款用途而定，但亦可规定出最长之年限（普通以五年为度）。凡此类的长期借款，偿还的办法，最好用年赋偿还法。此种整借零还的办法，与储金之零积成总的办法，对于社员同与以莫大之方便。

对于社员借款用途之限制与监督，为信用合作社最优之点。各国合作社对此均有严密之规定，普通多专注意在生产事业上。凡借款者，务须说明自己贷款之用途，交由理事会审查。华洋义赈会所定之信用合作社模范章程，对此有详明之规定。可参看也。

乡镇合作社联合会之组织，亦甚需要：一方面因为此联合会之金库，（即各乡村合作社之共同金库），在各社间金融上，正可借以流通；一方面发行债票，为合作社另辟一资金之来源。且一般乡民之交易，多在集镇之上；与乡民作种种金融上之事务，亦有待于乡镇联合会承办之也。

又各项合作社之职员，皆为无给职，不过可于每年终结算时，提出红利一成或二成，为各职员之节敬。此则中国农村之惯例也。

至若其余之利润，可以一半为各社员之养老蓄金，以一半为合作社之不可分金。此不可分金之处理，即为办理社员间之公共事业的一种团体资产也。

Ⅳ　运销合作社

甲、运销合作社对于农业上之利益　自交通事业发达，工商资本侵入农村后，一般农产物，皆有逐渐商品化的倾向。老年人常说："百里不贩粗"，今则美洲的麦子，早充斥于市面；舶来的水果已屡见于商场。丹麦一弹丸小国，其全年十万万元之出口，只农业产品则占八万万元四五千万之多。以致农产物之运销问题，在农村经济上，早已占了一个重大位置。是以运销合作社，应运而生。只此数十年间，除中国最近始有人注意倡导外，其他全世界四十余国之农村皆普遍的有此种宏大规模之严整组织了。

运销合作社的目的，只在收集社员之产品，或经一度之整理选择，或再加工制造，运赴市场，善价售销。兹将其对于农业之利益，分以下数项，简略说明之——

一、合作社较之单独的生产者，能够选择一个对于销售有利益的市场与时节。

二、合作社较之单独的生产者，在转运上可有便利的设备。

三、合作社可授与社员以运输及包装的技术，一方面能使包装美观划一，一方面又可表示他们的特征，而容易得到社会上之认识与信用。

四、运销合作可以废除分利的中间商人，而直接与消费者相交易。

五、运销合作能使社员的产品划一，并可与社会上以道德的保证。

乙、办理运销合作社前例

一、丹麦的鸡卵运销合作社之办法：丹麦之鸡卵运销合作社，有一个整个的组织，如纲在纲，有条不紊。全国有五百五十个地方合作社，联合为一个总机关，名为中央鸡卵运销合作社。丹麦当一八九〇年之初，有三十六万箱之输出。因为运销上有这种良好办法，所以鸡卵的产量随合作社的扩充而逐渐增加。至一九二二年则增加到二百二十万箱的输出，实有惊人的成绩。且出产的鸡卵，成色一律，质品优良，所以价值也增高。

地方上的合作社可名为地方鸡卵合作社，由该乡十人乃至数百人之鸡卵产生者组织而成。

对于各社员有极严的规定。即各社员除自家消费及孵化用者外，所有生产鸡卵的全部，均须提供于合作社，冬天每日必须一次，夏天两次至三次由鸡巢内拾取；鸡卵须保持新鲜清洁。送卵的时间，至多不得过七天以上。一个鸡卵上须印两个印号，一个是生产者，一个是生产日期。若有腐坏的鸡卵可以查明生产者而加以处罚。

地方鸡卵合作社的资金，大半由于以社员为保证而借入者。对于借入的资金，各社员均有连带的责任。这种借入的资金，大半为收卵之际而先借支于各社员。

地方集卵合作社：将搜集的卵送到中央合作社而设立的运货栈。在该栈再受一次检查、类别，及评定等级的手续。装卵的箱，多半自九百六十至千四百四十，而以能装千四百四十个者为规定的标准箱。检查评定后，即送中央合作社，而运销各处。如销售不宜之时，特修有完备的储藏室，以防鸡卵的腐坏。

中央合作社的组织，自五人成立的理事会，为统制机关。理事于年期总会时，由代议员选举之。总会为理事会，代表委员及各地方合作社各选一尽代议员所组织。但唯有代议员方有投票权。

理事长的任期为五年，其他四人为二年，理事会与地方合作社之间有代表委员。国内各郡各选一人作代表委员，为中央与地方的仲裁人。又中央合作社与地方合作社之间，其重要的规定，就是地方合作社须将从社员所收集的鸡卵，全数进到中央合作社，此规定为期至少须□年，方能解除或更新。

二、日本农业仓库之办法：日本农民主要的生产为米谷，其副业之重要者为蚕事。所以未及茧的价格如何。实为其农民的生死问题。农业仓库之设，即是求此种问题之解决。

兹将其对于农业上之利益，分述如下：

第一、农业仓库的主要业务，就是谷和茧的保管。原来中小农业者没有资金建设完好的仓库，谷茧之存贮，每受损失。病菌虫鼠，均能使谷茧的色泽成分，变为恶化。农业仓库则有力建设完好宏大之仓库，管理周到，可增大农业物之保存性。

第二、可使保管物资金化。农民因急于需款，往往不能待善价销售，农业仓库，可救济此弊。社员存贮谷茧于仓库，如急于需款，于未销之前，亦可通融资金。其办法大体可分下列二种。即：

一、发行农业仓库证券。社员存款时，将证券付之；此种证券，与公债票性质同，可流通于市面。

二、依农业仓库之贮藏品作抵押，由银行界借到大批款项，分贷于各社员。

第三、可将原有之谷茧，留于适当的时期，共同运销。

日本爱知县碧海郡利用合作社所经营的农业仓库，经营不久，成绩卓然。该仓库最注意之事项，即所有社员须按米谷改良之规则栽培之。米的成色也受严密的鉴定，分别等级保管。对于存储物悉按时价附火灾保险。管理金，米麦一包，每月收一钱。但特定保管者为二钱五厘。茧的特定保管一贯收一钱五厘。其外寄存物收费，依保险金而征。

此农业仓库之特色，即保管业务及运销业务办理之优良。而存寄者资金之付与的方法，亦甚方便而稳固。除证券担保贷付外，并联合各乡村信用合作社，以仓库的寄存购买物买抵押，借款若干，以分贷于各社员。贷付之数，不能超过寄存物时价十分之八。其期须在九十日以内，期满可另定契约。

以上的几个运销合作社，不过举其一二，借作参考。其办法因运销的货物，地方的情形，各有不同，若我国农村，现已渐渐打破自给自足的时代，则运销问题，加工制造问题，与生产改良问题，一样的感觉需要，且必连带解决之。所谓以共同运销共同制造的组织，促进生产增加与改良，乃当今不易之要策也。

V　购买合作社

在我们这样的农业国家，适当的工业发展，是急应图谋的。但是在一个社会里，每每因工业之发展，农业受其压迫。最近各国之都市发达，农村衰落，即是工业文化的结果。所以在以农为主的社会里，求得适当的工业，使相需而不相害，惟有走合作的路。是以农产物之加工运销，与夫购买合作联合自制自销，乃我国求适当的工业发展必由之途径也。

购买合作社系需用物品者相联络，合资购入物品，加工或不加工，以分配于需要者。如英国的消费合作社，丹麦的供应合作社，早已有一大部分货物，自行制造，自行销售。是则使制造者，贩卖商，购买者，三位一体，将一切中间人的剥削，减至最少可能的范围，此即购买合作社主要之机能也。

购买合作社分为两种。一为供应合作社，一为消费合作社。前者所采办的货物，大抵属于营业或生产用品，如肥料、农具、家畜、籽种、包装用品等类；后者采办的，多属于常用品，如油盐柴米，及其生活上日常所需的用品。此两者虽未必有截然不同的界限，然而在乡间发达者，多属于供应社；在城市发达者，多属于消费社。若乡间虽也有消费社之组织，但是仍时常办理供应社所办的事务。至都市上则未之有也。此二种合作社的组织办法，多有不同之处，兹分别述之。

一、供应合作社　中小农民所需要之农具，家庭副业所用以生产物的，农业初进化而渐知使用之化学肥料及药剂等等，每为一般奸商所愚弄，而处不利益的地位。为免去此种损失，惟有组织供应合作社之一法。其组织多用同种职业者，在一定的时间，各社社员向社内定货，社内将定货单收集完了后，即按货单的总数而购买分配之，或则加工制造后再行分配。所分配货品，取价系按原本加上应摊之开支、股息，及公积金，供应合作社的资金大体可以两种得来。一种是社员订货时先付物价若干，俟取货时，再行结算。一种是相互担保借入者。大概乡间的合作社，单营的甚少，往往兼营为多。如信用合作社，每附带办理购买社的事务；或运销合作社而办理购买的事务。若供应合作社之联合会，或进而为中央联合会，不惟不兼营，则购买的货品亦变为单纯。如丹麦种籽采买合作社，肥料供应合作社，三门汀的购买制造合作社，每以乡村的地方合作社为其基本单位，而共同购买或制造分配之。现在日本之购买合作社尚无健全的联合之组织，仍在下级的乡村供应合作社的时候，所以多是兼营。兹将日本静冈县富士郡梨业合作社的购买事业，介绍如下：

  静冈县、富士郡、加岛村，为日本著名之产梨地。以前农家仍是以种谷物为主，待至梨业运销合作社成功，梨业因以改良，而梨的产量，亦因之大增，待至明治四十四年改组为富士梨业购买运销合作社。至明治四十五年增加信用部。大正十二年增设农业仓库，及至五十四年增加利用部，皆为相当之成绩。现在该合作社名为富士梨业信用购买贩卖利用合作社，网罗加岛村农家之全部。民国十二年则已有学员七一五名，出资金二十二万四千元，贮金三十万二千元，借入金十一万二千元。信用部年内贷出额三十三万三千元，偿还额三十万二千元。购买部购买额达二十四万八千元。

  购买部所购买的货物，大抵皆属于梨园的用品。购买品以各社员之定购为原则，某项用品到需要的时期以前，由合作社之购买部，发传单通知各社员，务于规定的日期内，将购货单，送交社中，汇集后按需要的数量购买。货品购到后先存于仓库保管之，社员可于需要时按照定单领取。卖却价格，通常以原本附加五分内外之利息为标准。收取货值，皆以利之运销收款中扣除。该社员购买的货，大概以肥料，梨箱，谷虫药剂，梨园用具等，为大宗。

诸同学都是乡村间的教师，再把学用品的购买组织，举例序述于此，以备参考：

学用品之共同购人，在乡村间合作事业中，是一个很有兴味的新运动。此不惟对于儿童用品为有利的供给，而且使儿童渐渐了解合作之意义，并可训练其管理事务上的能力。如日本静冈县，全县学用品购买合作社，成立不久，而效果卓然。因为小学校的一切用品，有极待统一之必要；然欲统一，则必以共同购买下手。故由该乡郡教师又各町村长会商，依产业合作社的法令，而设立购买合作社，遂于民国十三年三月，该县学用品购买合作社组织成立。社员的资格，以郡内小学校儿童的父兄为主；社员每人股资金一元，分期交纳。第一次先交一角，开始时即有社员一万一千七百四十七名。合作社的机关，设社长一人，理事一人，监事三人，并聘郡长，县视学。产业主事，及顾问。总事务所设于郡公所内，各区设分事务所；分事务所的主任由町村长或小学教员担任。总所另置购买员三名。各校所定购之物品名单，由分事务所交来后，汇集购买之。购到后通知各分所按照定单领取。各分所的管理员，由高级学生中指派男女生充当之。一切出入，均使用合作簿记而日日整理。每月末作月报，向总所报告。该社系民国十二年四月中旬开始，同年六月末，约两个半月，各学校的购买额，还在二万二千余元。

此种办法在乡村教育中，极为重要，尤其是在我国乡村中。因经济上的组织，如是之不健全，则涵养儿童的经济思想，作儿童的共同生活，发展儿童的自治精神，使儿童了解合作社组织之实务，更为小学教师所应当深深注意者。盖实际上的教育，方是教育的真谛，此不仅生活经济上有利益已也。

二、消费合作社　自从英国罗区特尔的二十八工所工人组织消费合作社成功以后，消费合作的声浪，浸浸乎在经济世界中有执牛耳的声势。迩来英国合作批发店的各种制造工场，规模之大，进步之速，大有在现在不合理经济组织中挽狂澜，持正义的能力，欧洲各工商国的合作主义者,如查理基特一人尤竭力倡导之。思欲以消费合作运动,建造新的经济制度。查理基特所著之协作及消费协作两书,理论均甚密。我国商务印书馆近有译本,可参看。

消费合作社是比较容易办的一种合作社,然而也容易变质,容易散漫。社员如没有彻底的明了与决心,未有不失败者;尤其是在我们中国初创的时候,容易有这种现象。某经济家曾说:"合作主义完全是一种民治的运动。他的最后成功,全赖乎社员的全体。——易言之,就是社员对于合作主义须有相当的知识,并须明了其所以产生的原因。所以社员如有冷淡无情,而轻视社中职员,那便是成功的大仇敌"。

合作社征收社员的时候,固然是愈多愈妙。但是社员的多少,关系于社务的发展,却没有社员的热心那样重要。本来办理消费合作社的人们,每每不注意及此。入社的人每以为入社费既属无几,碍于发起人的情面,入上一股也没有什么大不了的事情;社中的成败盛衰,他丝毫不知用心。此种合作社无异于股分商店,结果未有不失败者。

消费合作社本不宜农村间,尤其是不宜我国农村社会;因为农民的购买力,实在寥寥。如若你认有一个地方实有办理的必要,那么在未开办之先,须对于将来的营业,有一个精确的预算。譬如这个合作社成立后,社员及非社员共有二百家。用这个社里的货品之家,每月每家需要总额假定为十元左右,合计每月可以做二千元左右的交易;货品的批发假定为一千六百元,每月能得毛利四百元;除了开支有一二百元的纯利,这个合作社的基础,可以说是稳固了。若万有入不敷出之处,那么不如从小处做起,较为稳妥。因小的如能成功,则蕃殖增长,速于传邮。

至于合作社的社址,如若在乡村间,则以俭朴崇实为主;即在都市也不要过于铺张,这是无论那一种合作社所必须注意的。

消费合作社一切货品的定价,都是和市价相同,这是罗驱特尔先锋社所指示我们的。现在各国消费合作社皆绝对遵守。但有人怀疑以为合作社既以免除中间商人的剥削，节省消费的耗费为目的，为什么不按照一切货品的成本而出卖呢？欲解答这个问题，须要明白：第一，合作社如果售价低廉，近地的商店困难于竞争，势必也随之减价。但他们目的是在营利，于万不得已时，免不了用欺骗手段，以补其损失，如是反使社会受害。且在初创立的时候，如为一般资本家所嫉视，也未必能竞争得过。第二，合作社如若售价低廉，就不能与非社员做交易，否则对社员按照成本，对非社员按照市价，一样的货品，定两个价格，于事实上有许多不便。第三，如按成本出售，社中便没有公积金了，那么合作社的最大目的如自行生产，社员教员，保险等事业，皆难以达到。第四，预先计算一件零星货品的成本，极为困难。由于以上种种理由，即是以公平的市价销售。

现钱交易也是一个合作社所绝对应当遵守的；赊欠是一件危险的事。无论赊者与被赊者都要受害。因为赊欠不惟在经济上极不合理，即在道德上也蒙若干影响。

消费合作社交易，不当只限于社员，因为对贸易，可以引起社会对于合作社的兴趣，并且营业也可以因之发达，实为发展合作运动的方法。

盈余的分配，现在各国多是按照罗驱特尔先锋社的办法。即是须从纯利中提出一部作为教育基金及公积金。其余除去股息，则按照购买额分配于社员。试举一个简明例来说，一个合作社的资金是一万元，一年做来十万元的营业，共得毛利二万五千元，除付种种营业费外，还余纯利一万元。其分配如下：

教育基金　4%　400 元

公积金　5%　500 元

股息　6%　600 元

发还于社员　8500 元

总计　10000 元

譬如说一个社员据有股份五十元，一年中购买入五百元的货品他应得：

  股息　3 元

  购买红利　42.50 元

  总计　45.50 元

  社员于购买时，合作社就给他一张票据，上面注明购买的数目。等到结账时，就拿这种票据，按数领取购买红利。或发给各社员一个支簿，于每次购买货品时，由社中将购买的总额写上，将来按簿支利。

  在消费合作发达的地方，都有消费合作社联合会的组织，名之为批发合作社。此种批发合作社，在英国特著声誉，限于时间，今且不序述了。

中国合作运动之路向

梁漱溟

此刻中国的合作运动，与西洋工业发达的社会之合作运动不同；这个问题很有些人讨论过。合作，在工业社会中，容易从消费合作做起；消费合作在其合作事业中占一项大的位置。英国即是如此。而中国农村的合作，恐怕要从生产合作、利用合作做起。大家合起来共同生产。大家合起来利用机械；如利用机械耕种灌溉，以及其他生产手段等。大家讨论的结果，都认为中国农村的合作，恐怕是要以生产合作、利用合作为主为要。再则，工业资本主义国里的合作，顶要紧的一点是"非营利主义"；他们之所以要合作，就是为减少不合算、减少旁人的剥削，其合作的原则是"非营利的"。可是中国农村的合作，恐怕不能不从增殖财富上着眼；此如生产合作、利用合作，这里边都有增殖财富的意思。在我们想，中国的产业（包括农业与工业）恐怕有很多是必须用合作社的方式来经营，——自然也有不用合作社的方式经营的；但合作社的方式占有很重要的地位。中国财富的增殖，从社会来看，恐怕要如此才能增殖起来。因为中国第一不能走欧美式的个人资本主义的路，第二不能走俄国式的国家资本主义的路，中国的财富恐怕是靠合作才能增殖起来。而这样增殖起来的财富，有一个很大的好处，就是"大家都有享受的机会"。

本来在中国原来的社会（未受西洋影响的社会），其经济既非个人本位的，亦非社会本位的，他的财产是属于全家的。而家的范围又不定，父母兄弟算一家，全族的人也可以算一家，甚且亲戚朋友凡有伦理关系的皆有共财通财之义。故中国人的财产，与其说是个人的，毋宁说是全家的，与其说是一家的，毋宁说是伦理的。彼此既有伦理情谊的关系，彼此就互相负有义务，你有钱不给亲戚、朋友、同乡用，简直不行。凡是与你有关系的人，你的财产他都有份。在伦理上和你有关系，在财产上也就和你有关系，中国自古就有这种风气。现在我们的组织就是发挥伦理情谊，所以"有产大家用"的风气一定可以倡导起来。不过，从前的老社会，在经济上发挥伦理之义，也许只是增添了许多"族产"，而现在我们的乡村组织往前发挥去，则是增添"公产"、"乡产"、"村产"，不是增添"族产"。总之，从社会关系，伦理情谊之义发挥下去，则个人的生计不会在社会上没有保障。从社会关系，伦理情谊上讲，你虽是老弱残疾也不怕没有人照顾的。因为我们的组织，一面是经济组织，同时也是伦理组织，你与人有伦理关系，则经济生活自有保障。我们从合作经营而增殖的财富，更可以有这种规定：以多量归公，少量归个人；多量归团体，少量归份子。如此则个人生活更易得到社会的保障。

　　这个事情，在将来的社会组织里（即重心在乡村的组织，或径说乡村组织——编者案），是不难作到的。为什么呢？因为所增殖的财富——赚来的钱，原非为存到腰包里或埋在地下，而是为的供给消费享受，如买米、买布、读书、娱乐等等之用。在将来的组织里，把消费享受方面的事情也以合作方式来作，比如大家赚了钱想培养子弟念书、受教育，那么，我们便可以用共同赚来的钱办教育。从合作增殖的财富办个学校，学校算一乡或一村的，大家上学不必拿学费，并且学校里亦可预备饭给学生吃，乃至于学生的一切费用均可由公家承管。再如卫生方面，也可用共同增殖的财富设立公共卫生机关。总之，用合作增殖的财利应付共同的需要，可让社会的财富愈来愈多。学校、医院、娱乐场，都算是财产，而这些财产都是公产。此合作经营所得到的财利，也许大家很容易有分开拿回各自家里的心理，因为人类本来具有占有欲。可是他的占有欲亦不过是为消费享受；现在我们既然在消费方面的设备也走合作的路，能够满足其需要，那么就容易让合作增殖的财富多量归公了。许多事情都有公共安排，是顶好的结果。

　　按照以上的办法，结果则公共财产大过了个人财产。现在中国诚如孙中山先生所说："此刻中国人只有大贫小贫之分。"没有人是真正有财产的。将来也只有从合作方式才能增殖财富，个人主义的路在中国社会根本走不通！将来中国社会财富的增殖，一定是合作经营积累的，故结果一定公共财产大过个人财产，个人财产不会太大。所谓"富可敌国"的现象，绝不会有。个人财产不大增添，有所增添即以多量归公，所以不会成为问题。我们应当注意：增殖财富的多量归公，一面是增殖财利最好的方法——公积金愈多于实业的经营上愈好，资金越多增殖越易；如果赚钱就分，无论股份公司或实业经营部都不会好——一面公共财产大于个人财产也是顶好的结果。因为公共财产大于个人财产，可以让个人财产的你多我少（贫富之分）不再成为问题。有好多人问我："你们走合作社的路，合作社虽然与股份公司不同（股份公司以钱为本，合作社以人为本），而合作社的股金究竟还是有多有少。比如土地的合并经营：有的人有地，有的人没地，有的人地多，有的人地少，合作社是否永远保持这种不平的状态呢"？我的回答说："不然的"！此其故即因公共财富的增殖越来越大，全社会一天天的富起来，公共财产会要特别大；那么，个人的你多我少，在新社会中比例就太低了，实在够不上说是一个比例。譬如说：你有两千元，我有二百元，你我之间是十倍之差；可是假使公共财产有二百万，而你的钱并未随之增加，你我的比例仍是那样，那么二百二千之比还成什么比例？你那两千元与二百万相比就算不得什么了。二百万的公共财产，就把你我相差十倍的比较盖过去了。自然关于土地分配问题必须另想办法，绝不是单拿前边所讲的办法就能解决土地不均的问题。关于这个问题，我们将来非另想办法，作到"耕者有其田"不可！这是应当声明的。至于土地问题的解决，必须靠政治力量。我们不是忽略这个问题而不谈，我们是看到现在没有解决这个问题的力量。翻过来说：如果有解决这个问题的力量，这个问题自然可以想法解决。方法不过是工具，须有主动力量来用。动力具备，不患没有方法；没有动力，方法摆在那里也是无用，它本身是不能进行的。所以我们说：必须政治问题相当解决，土地问题才有解决可能。

这种从合作增殖财富的方法，既不同于西洋式的个人资本主义，亦不同于俄国式的共产主义；据我们看，它比俄国式的共产主义仿佛还好。怎么好呢？好处在那里？可以分两层来说：

第一，共产主义原产生于工业社会，而农业社会则与工业社会不同。在农业社会中，共产党的办法必须改变才行得通。共产党的办法，一则是产生于工业社会，再则还须是在工业进步到某一个阶段的社会才能行。所谓某一个阶段就是那社会中的生产已经社会化，其工业生产已是社会消费品；表面上虽然像是个人借以赚钱，而实际事业上已是供给社会享用。表面上产业愈进步，生产规模愈大，个人愈能垄断；而骨子里其生产是为社会用的，并且从事生产的人也就是社会上的多数人，所以这样的生产已是属于社会的了。不过资本（工厂机械）的所有权在名义上属于个人，而实际上已属于社会；这个时候只把所有权由个人转移至社会，一变换名义即可。可是在农业上不容易有这种情形。因为农业生产技术的进步是很迟缓的，资本（土地）集中的趋势并不显著（或者说吞并的趋势并不显著），所以不能像工业发达的社会从名义上一转移之间就能共产。在农业社会，还是各行各的生产，各种各的田地，不是推翻法律，转移名义就可共产的。这个时候犹需要作一段励行农业社会化的工夫。此农业之社会化，若在新开荒的地方，很容易把土地收归社会，实行大规模的经营。可是中国乃是一个老的国家，其农民几乎各有一片土地以事生产，其生产技术又不进步，在在离社会化都很远，所以没法子能一转移之间收为公有。假若勉强收归公有，实在无法进行生产哩！以俄国来说，工厂也以马上没收，由国家经营。可是共产政府成立后所宣布之"土地国有",乃是一句空话;只有大贵族大教堂的土地没收了,农民的土地则未曾没收。政府对零散的土地实在没法子拿过来,拿过来亦没办法,没有行大规模的生产之前,拿过来还是要分开来经营;"国有"的话,仍是空的。它原来是散着的,你既不能整个的拿过来,所以只好还叫它散着。可是你能老让它散着吗?那当然不能。然则如何办法呢?其中最要紧的一着,便是走合作的路以促进农业之社会化了;慢慢地作到像是有一社会生产的组织机关,而后才能收归国有,达到共产的目的。

现在俄国农业的经营除个人经营外,有三种方式:一是合作经营,一是集体经营,一是国家经营。最大的是国家直接经营的农场;次为集体农场,集体农场是个团体,其团体组织亦甚严密;再其次是合作经营,其团体关系已比较松懈。集体经营大概已没有你一份我一份的意思,而合作经营则仍有那个意思。俄国之农业经营所以有这三种方式的用意,就在促使农民丢开个人经营的方式。他并且运用政治力量予以极大的压迫,使其放弃个人经营;同时对于国家经营,集体经营则给以极大的方便。他就是这样由个人经营而至合作经营、集体经营,最后到国家经营,慢慢引上来。如所谓农业电汽化,就是想极力让农业成功大规模的生产后,技术上连到一块,让农民到一个不可分的关系,造成非共产不可的形势,才能实行共产。农民的占有欲非常之强,多半不愿意共产,所以必须从外面形势逼迫他,给他造成一个分不开的关系,然后才能共产;否则空空宣布共产,亦属无效。

我们看清了这一点,所以认定:假使中国此刻宣布共产,亦只能从"散"往"合"里来领他,到末后方能达于共产。总之,在农业社会里,从形势上看没有一上手即行共产的可能。我们所看到的,中国应走的路向(乡村组织),就是由散而合。从这路向说,与共产主义并无不同,他往东,这路向也是往东,他要求社会化,这路向也是要求社会化。因为这路向,很显明的是社会主义的一种，与俄国比较只是作法的不同而已。俄国的作法，他虽然也是要农民由散而合，但强制压迫的力量太大太凶！他一面很看清楚社会化没法子一下作成功，而一面又要求非常急切，恨不得马上成功；于是就以强力硬作，简直是让你非合作就不能活。我们所见到的路向与作法比较从容自然，缓和稳当。这并不是我们主观的要求如此，更大的原因是由于中国社会找不出一个像俄国那样强硬的力量，霸蛮的去作；所以结果反逼得中国人只能走从容自然之道，让多一乡下人越来越知道合作好而越愿意合作。中国社会大概只能从理性的、自觉的、思维的，自然走向合作之路，而不能生吞活剥的走向共产。可是亦未尝不往共产那个方向上去！在我们想，这样也许比俄国生吞活剥的共产好吧？！他们那种作法，机械性太大，我们实在不愿意用它！客观的环境也不能用它。也许因为我们是东方人，是理性主义者，习性上非常之拒绝那种作法，所以要走从容自然的合作之路！

第二，从我们中国的路向，由分散而集合，往前进展去也许还有个好处，就是可以"适可而止"。这话怎样讲呢？就是说：我们将来怎样（共产或其他）现在不说，走到那里合适便住在那里。人类往前去，一天一天的要社会化，社会关系一天一天的要增进密切，是没有疑问的。可是，是不是就像共产主义者那样只重团体而抹煞个人呢？他那种主张就对吗？社会关系增进的时候，只重团体不重个人的办法能否行通，我们还没有明确的判断，但是在我们想那样不一定对！俄国人不管怎么样，他们一味地就是霸蛮的作；我们则从容地往前走，到适可而止，到那里为"可"，到那里始"止"。如事实上必须共产才合适，那么我们的路也就非走到那一步不算完；如果"共产"与"抹煞个人"全都不合理，必须一面有个人，一面有社会，那么我们就在离共产甚近的那个地方而止；因为那里"可"，故在那里"止"。这个办法很妙，共产合适就共产，共产不合适就不共产，走到合适的地方自然站住，走到那里不合适一定再走。那么究竟走到那里才算合适呢？这个我们不必想得那么远，将来看事实走到那里罢！大概合适与否只有亲自尝受才可以知道，不便以猜想出之。现在担心将来是偏重个人自由或者偏重团体干涉，都是想得太过。胡石青先生的"普产主义"，就是从这个观点批评共产主义。他主要的意思是：人类对于财产，不止是一种享受的态度，并且借以表现自己的生命。如顺此自然之要求，即应把财产分为个人私有、地方公有，以及国有三种：个人自然占得最小，地方则较大，国产最大（从所属上说有小大之分，从类别上说亦有适当的区划）。他这话很有道理，与我们的意思也相近。从此大家可以明白，上面所说的增殖财富的方法，确和共产党不同；照这方向往前走虽亦越来越趋向社会化，但将来是否走到共产那一步，是看将来的形势而定的。可共产方行共产，不可共产就不共产，所以说从这个路向走，有"适可而止"的好处。

这路向虽然含有共产的可能，可是也许不要共产，因为共产是个极端（上面所说的路向是由分而合，由散而集，合与集的极端就是共产主义），不是个平衡。而我们理想的社会，个人与团体则与天秤相似：

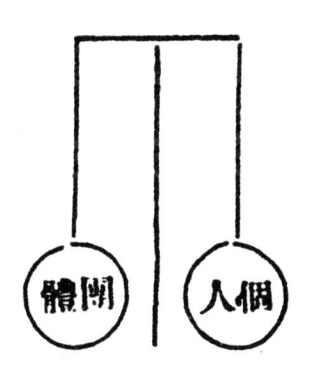

抬高个人固然不好，抬高团体抹煞个人也是不好，所以我们常觉得共产党有矫枉过正之嫌。国际译报（六卷十期）载有"太戈尔论苏俄"一文，就与我们刚才的话很相接近。他说："共产党抬高团体，抹煞个人，太趋于极端，这乃是对个人主义的反动，并不是常态"。这些话很有意思。

说到这个地方，我们可以提出一个名辞。这个名辞本来不大用它，现在不妨点出来借以略表我们的意思。就是：在某种意义上，我们算是"合作主义"者。所谓合作主义，也许一人一个讲法；现在把我们的讲法分两层来说：

（1）关于合作，有一种争论，有的人说：合作只是一种方法、手段、政策，不应成为主义，这话也对。因合作之兴起，乃先有事实，非如共产主义之先有详密的理论以为倡导，而后产生事实。从这一点说，合作就很像一种手段、方法，而不成为主义。

（2）可是也有人说：合作起初虽然只是方法，现在未尝不可以变作主义。因为我们有合作的理论，有合作的理想，一面可把合作看成"手段"，一面也可看成"目的"。这话我很赞成。比如说：从上述的路向，社会将由分而合，由散而集，但不一定走到共产那一步。这就是因为把合作当作理想、目的，而不止看成一种手段、方法。上述的路向是以合作开始，而亦终于合作，因为惟合作可有个人与团体均衡的结果。固然合作是一种团体组织，不过所谓"合"、所谓"集"，都要有个人，不有个人何由而合？何由而集？所以惟合作一面有社会一面有个人，两面无所偏废。在一个合作社里，一面大家要求合作，一面团体尊重个人；处处顾到社会，处处顾到个人。合作实最能达到均衡的理想，所以合作成了主义、目的，而非止手段。我之所谓"合作主义"，即指这种个人与团体的均衡而言。我们这种"合作主义"，是社会主义的一种。我们就是要一面以合作为方法，一面以合作为理想。我们往前走，合作是我们的目的，也是我们的手段。这个原故，就是因为只有用合作社的方法可以渡过我们（中国）眼前的困难。渡到那里去？仍渡到合作上。我的意思：合作制度不单是主观的目的、理想，且是此刻中国社会所特别需要，特别适宜的。

合作社在不同的国度里各有其不同的发展路径，与不同的发展样式。大家都知道丹麦是合作社最发达的国家，他的合作社与英国、德国各有不同。中国社会，更为特殊，在此特殊的环场中，合作社必然的更有其特殊的发展的样式与路线。中国的合作社将要如何发展？这是我心里蕴藏很久的一个问题。我曾有一次与黄明先生（湖南人，日本留学生，对合作当有研究，现在广西服务，曾来本院参观）谈话，即始终没离中国合作社的特殊问题。我第一问是"合作社是否可以营利"？第二问是"合作社在中国的前途如何"？可惜他都没有给我合适的回答。关于合作社在中国的前途如何？中国社会究竟有无特别适宜于合作社推行的条件？照我的看法，中国社会很有特别适宜推行合作的条件；合作在中国社会推行起来，不但容易，而且合适。关于这些条件，我现在不能很周到地列举出来，只就要紧的地方说吧：

我们先问：谁顶需要合作？谁顶容易走上合作的路子呢？自然是弱者散者顶容易走上合作的路子，合作社之所由起，实在是经济压迫下弱者散者的一种防卫与自救，英国的合作社就是由工人的消费问题做起的；德国是农民做起的。总是弱者散者才需要合作，才容易走上合作的路。中国是一个顶软弱散漫的社会，所以顶需要合作，顶容易走合作的路，这是不待言的。再则现在摆在他眼前的也只有合作的路。我们中国社会没有大工业，都是小手工业，农村中也多是小作农，无疑的都是弱者散者。在此国际竞争底下，他没有法子不走合作的路。所以我们从大势上看，一眼即可以看出中国社会之需要合作，同时也很容易走上合作的路。还有一点：中国社会是大的农业社会，然其农业制度则是小作农多的小规模生产；大社会而小作农，其所当走的路，天地间就找不到第二个比走合作的路再适宜的了。农业与工业不同，工业能走资本主义的路，农业则不能。在农业社会中，欲求农业技术的进步，无法不走合作的路，这差不多已成定论，此种道理，后边才能细讲。现在只告诉大家：凡是农业社会，就需要走合作的路，不能像工业社会一样，可以很爽快地走资本主义的路。

有两种国家与我们不同，他们都不很需要合作，因而合作社的发达有限。那两种国家？一种是工商业发达后的资本主义国家。惟其劳工需要合作，乡村的农民需要合作；换言之，只有他社会里边的弱者需要合作。他们的合作，天然是从消费来的，不是从生产来的。他已经发达的工业生产，是从个人自由竞争而来，决不需要合作；所以在走上资本主义的国家，从大势上看他只有工人农民需要合作，故其合作社之发达不能不有限度。虽然也有人想从合作的办法把畸形发展的工业资本主义社会转移过来，但不敢必其成功。还有一种国家亦不需要合作，那就是国家资本主义的国家。这一种国家同个人资本主义的国家一样，合作之发达均有限度（这是指俄国而说）。他在生产上靠国家资本供给办法，在消费上乃是共产主义者，亦可由国家供给，自然没有人需要合作（这是比较的说）。这两种国家，既不用合作发达生产，又不用合作解决消费。需要促进合作的，只有农业社会的中国。因为中国没有资本主义的生产，其产业的开发与技术的进步都有待于一个方法（制度）以完成；乃至于分配问题亦需要一种方法（制度）以解决。总之，中国产业的开发，技术的进步，分配问题的解决，统同有所待。待什么呢？自然个人资本主义，国家资本主义都是解决经济问题的道路，可是这两条道路中国都不能走，而专有待于合作。从大势上看，中国必然要成一合作国家。黄（明）先生说中国人的性情脾气很适宜于合作，这话亦然亦不尽然。从中国一般的人性情上看，自然有很适宜的地方，如孟子"王何必曰利"一类的话，在书上很多很多，都可以见出中国人不是功利主义者。中国人很少把财产看成是增殖财产的东西（资本），而看成是享用的东西（消费）；西洋人则看财产是资本，希望再生产以扩张资本。中国人对财产一看就归到享用消费上去，此虽嫌缺乏进取的精神，而于人生意义上是很对的，也是合于合作的原则的。合作主义就是为消费而行生产，资本主义却是盲目的为生产而生产。黄先生说中国人性情忠厚，讲情谊，重和气，很容易合作，这话当然都不错；可是就中国人的性情说，他有一个大缺点，就是没有团体生活习惯，缺乏组织能力，不会商量办事，所以对于合作也不甚合适。中国人顶爱关门过日子，所谓"鸡犬之声相闻，民至老死不相往来"，是中国人顶理想的社会；这就与合作不合了。合作非大家联合不可，而中国人偏不会合，所以从中国人的性情脾气来说，不一定特别适宜于合作的。

上边是说中国人非走合作的路不可的形势，现在再讲中国合作社的特殊—合作社营利不营利的问题。关于此一层，我曾经说过：中国的合作社，也许不和普通合作社发展的历程一样。本来合作的兴起，最初是由英国二十八个工人为解决消费上的吃亏问题而组织消费合作社开始的，而中国大概不从消费合作开头，并且消费合作不是主要的业务。这个原故，乃是因为中国是一个大的农业社会，在农村中合作大概不能从消费起。中国的农村里边，固然也需要消费合作，可是总比较差一点。关于这个问题，邵履均先生曾为文讨论（载村治半月刊第一期），大家可以参看。大概消费合作社在农村中既不大需要，又非常难办，因为农民要消费的东西实在太少，就是有所消费，亦大半是自己生产的。比如吃的粮食是地里收的，穿的衣服是自己的，住的房子也许是自己盖的，与工业社会的工人完全不同；在工业发达后的社会中，工人吃的用的一切比中国的农人讲究得多。中国农人，费消每能自给，顶好向外边购买些食盐和煤油，但为数至微，少到不能再少。如夏天不点灯就睡觉，平常点灯，灯光亦若有若无。的确在农村中消费合作既不需要亦且不好经营。在农业社会，农人居住是分散的，不像工业社会工人之密集，所以经营消费合作极不容易。

什么事情都是由于适应需要而来的；比如在中国，他的工业已经起来走上资本主义的路，当然用不着再以合作发展工业了。这时他已没有多少需要合作的事情，只有工人的消费问题需要合作。可是中国现在顶大的问题决不是工人的消费问题，这是很清楚的。此刻中国顶大的问题，极迫切的需要，就是普通所谓"造产"。造产亦即我们讲的"增殖财富"，或"开发产业"、"改进技术"。所以如果合作是应于需要而来的话，那么中国的合作决不是消费合作，一定是生产合作；如我们邹平的棉花运销合作社是。一种方法之被采用，恒因社会需要之不同而异。中国社会与西洋社会问题不同，需要不同，所以合作社发达的方向也一定不同。我们因为要造产，要增殖财富，于是合作社之在人家虽出于弱者的防卫，而在我们则不得不是进取的要求。合作社当初诚然是少吃亏、不吃亏主义，原非为赚钱而来，并且反对营利，不营利为其原则；可是中国的合作社开头天然要进一步而含有营利的作用在内。因为中国现在不能只持防守的态度，非积极进取，积极增殖财富不可，仅仅防守是不够的，又何况防守亦无可防守。更明白的说：我们是一面防守，一面还要向前进取；一面不吃亏，一面还要赚一点钱，单止不吃亏是不够的。不过我们在根本上亦绝不能违反"不营利"的原则，否则不成其为合作社了。大概从这路向往前进展去，开头含有营利在内，待合作范围逐渐扩大，末后总要归到为消费而生产（不营利），这是丝毫不能错的。我们的合作，在初时需要一个过渡的阶段，仿佛是从营利过渡到不营利；其在过渡阶段中不能不营利，不能不取。换句话说，在过渡阶段中的合作社，从某一意义说，也很像一种资本主义；除了借着他人的劳力来营取产业利润一点之外，其他地方（如营利）与资本主义没什么不同。在我想是要这样。

我曾问黄明先生："日本的合作社有没有像英国合作社一样亦兼营制造者"？他说："有的"。我又问："制造工人是即合作社社员"？他答："自然是社员更对，不过有时也可以通融一点，亦有非社员的"。我问他那个话，原意并不是要知道日本合作社的情形，我是想明白就黄先生看到的合作社，其中有无以他人劳力来营取产业利润的情形。倘有，那便是资本主义而非合作社了。利润有两种：产业利润与商业利润。比如资本家（工厂主人）备着工人的劳力来完成一种商品卖出，照例都有马克斯所说"剩余价值"。他卖出的价钱，大过工人的工资及原料（即大过成本），除工资、原料之外，所余的利润谓之产业利润。至于营商业的余利，则为商业利润。比如自大工厂中批发货物，而零碎的以较高的价钱卖出，其所得的利润即商业利润。商业利润在过渡期间的中国合作社里边，大概不能不有。申言之：我们（中国）的合作社，商业利润是可以要的，产业利润决不能要。假如合作社不但营取商业利润并且营取产业利润，这样就是借着旁人的力营取利润，不但自己不吃亏，并且进而使人吃亏，以旁人为牺牲，合作社便不成东西了！若单是营取商业利润，恐怕是个必要，无法避免的。所以在合作社里我很注意工人的问题。论理合作社中的薪俸工人都应当是社员，不应当雇用外人。比如很多的纱厂工人成立一个消费合作社，自己制造面包为自己消费；那么其中烤面包的工人，也只好专烤面包，不能再做纱厂工人。可是这个人必须也是社员才对。我们邹平的美棉运销合作社，轧花工人固然也有不少的社员，可是也有非社员在内，这也是不合适的。雇用社员，不仅给他工资，他自己尚可分得红利；而雇用非社员给我们轧花，则多少含有借他人的劳力以营取利润的性质。黄先生说："这个是通融的办法。现在整个的社会组织是不合理的，你没有法子合理的应付，必须变通办理，你得讨巧且讨巧，但讨得太多了"。不过我的意思总要想法子守着原则，到不得已再稍微通融。比如我们的美棉运销合作，不客气的说自然是怎样价钱好怎样卖，可是这个时候就不大顾社会了！假设我们是棉农（生产者），组织了一个棉花运销合作社，自然希望棉价愈高愈好，不管别人受得了受不了。这种商业利润，在开头时实不能不有。我们既走增殖财富的路，则不能不从生产上扩大生产资本来再生产（这就是资本主义）；但必须守定上边的原则，绝不可剥削他人的势力以求产业利润。中国社会必须如此才能增殖财富，而如此就是营利；但营利的性质要随合作的扩大开展而逐渐减少，逐渐从营利往不营利里去，最后达于为消费而生产。这不是我们主观的要求（主观的要求是没有力量的），而是客观事实上的自然趋势。合作事业最初之营取商业利润，是自然的；逐渐达于不营利，最后到为消费而生产，也是自然的：统统是自然的趋势。何以言之呢？从我们所见到的路向慢慢生长，合作的关系开展，范围扩大，方面加多，自然达到为消费以行生产而不图营利了。

所谓方面加多，就其种类说，包括生产合作，运销合作，消费合作等等。并且不止在农业上合作，可进而及于工业；不止合作种棉，并且合作织布。这样进展前去，合作社员日日加多，地域日日宽广，范围自然扩大，关系自然深密，生产自然不为营利，这都是很自然的事情。那么为什么说方面多、范围大、关系密，就不营利了呢？因为营利出于分别人我，各自为谋，看旁人都不是我，完全拿我作中心来算账，处处是我要赚点钱；及至范围扩大，整个社会联为一体，把人人都看成我，不分彼此，还赚谁的钱呢？所以自然归于不为营利而生产，只为消费而生产了。事实进到没有人我之分，虽然我是棉农，当然也没有希望棉价愈高愈好的必要。我们现在正作邹平开办纱厂的梦，预备从种棉花一直到织布，统统由我们合作社经营；可是这个须要范围大才行。棉花产量少则不能织布，织布而不主要的为自己用亦不能开办纱厂。将来合作范围扩大，开办纱厂主要的是为自己享用，余则推销出卖，换取商业利润。如果合作范围更大之后，就可以为消费而生产，织布全为自己享用而不出卖营利了。所以营利与合作适成反比例：合作的方面愈少，营利的性质愈多；及至合作的方面愈多，范围愈大，就愈不营利。到了大家合而为一，为消费而生产，则根本无利可营。这个路向，一上来很像资本主义，但合作愈高，营利愈低，此长彼消，走来走去，最后资本主义完全消除。

黄明先生有"合作纲"的主张，此与我们很不相同。我们说的方面多、范围大，是由下而上，由近而远，自小渐大，自少渐多。他是一起手就布置妥当一个大范围、多方面的合作组织，又是由上而下去作的；如其金库、仓库、公店等，以及所谓三级干线，他把紧要路口察看清楚，就由上而下把合作纲（即所谓合作组织系统化）布置起来。与我们由下而上者正好相反。然而天下事相反适以相成。这两面工作都很重要，及至上下逗合，则为消费而生产的合作组织告成。黄先生诚然是像他自己所说的：只热心于合作而未深刻考虑别的问题。他要布置合作纲是不错的；可是谁来布置呢？事情不是我要如何便能如何，必须将社会情势分析研究明白，找出一个天然能动的力量，而后一切才有办法。这是一个很大的先决问题；不止合作如此，任何事情都要遇到这个问题的。

　　中国此刻无论从合作或其他方面说，都需要有一个较高的眼光，或总的脑筋，作一整盘计划，利用我们现有的一点人力财力，才能经济的、科学的、智慧的办理事情，解决问题。所可惜的我们现在尚没有一个总的脑筋！照普通例子，总的脑筋便是代表国家的政府。可是中国不是整个的国家，统一政府迄未建造成功，这是我们几十年来最为苦闷的所在；否则一切问题，均不难解决了。现在如果我们有一个统一的力量，总的脑筋，当然可以自上而下的作。无奈照我的推论，普通人所希望的这个力量，中国一时是不会有的；所以我们的作法不得不自下而上，自小而大，自局部而及于全体。

　　　　　　　　　　　节录《乡村建设理论》（二十三年十二月讲）

中国合作实施问题

高赞非

一

现在国内提倡合作的空气，不为不浓厚了。然而在这浓厚的空气里面，我们却不能不著感一点深深的隐忧。就是我们觉得，大家对于合作，一向多半只是注意于合作本身的各种问题，如合作的理论，合作的历史，合作的经营等，而很少人能够在这些问题里面打出来，看见这个重大的，最根本的，合作实施的问题的。这实在是中国合作运动的暗礁。因为我们之提倡合作，无疑的不是想着只作学术的探讨，而是想着推行于中国社会内的，如此，则如何才能真正的把合作推行于中国社会内，而毫不空虚飘浮，这岂非极重大的问题？对于这个问题不加研究，则提倡合作，将是盲目的提倡，而合作运动的本身，将以此而没有前途；这岂不是极可忧虑的事！

就着事实来看，则现在的合作运动，的确已有这种情形。现在各处办的合作社，数目的进展，也不能谓为不快，然而究竟有几个是成功的呢？有几个不是有名无实的呢？非惟如此，有些地方的合作社，不惟不能有益于民众，反而有害于民众，（参阅村治一卷三期之浙江乡村运动通讯）这几乎要使我们怀疑于合作的本身了。我们明明知道，全世界几无一国没有合作的踪迹，然而为什么在中国，便是这种情形呢？这岂是中国的民族根本不能合作吗？如果我们真正了解合作之本质，只是一种人类生活方法的合理的运用时，则我们当然不这样想。我们当然可以看见这个事实最普遍的原因，完全是实施合作不得当的关系。如此，我们又何能不对这个问题即刻加以注意？

现在我们想着对于这个问题，贡献一点所知，希望能引起大家的注意。不过这个问题，却不简单，分析来看，他里面实又含着这样的三个问题：

一是中国适宜于那种合作社？

一是中国的合作社应该怎样办法？

一是中国的合作社怎样才能提倡起来？

我们以下想着逐题加以讨论。

二

现在先讨论第一问题。究竟中国适宜于办那种合作社呢？决定这一个问题，我们还要分几个步骤：第一先来问中国经济的根本问题是什么？第二再问合作能否解决这个根本问题？最后再问那种合作能够解决这个根本问题？知道哪种合作能够解决经济的根本问题，则中国适宜于办那种合作社的问题便可决定了。

只要是稍稍留心观察中国经济现象的人，便可知道中国经济的根本问题不是别的，而是如何挽救农业衰颓趋势的问题。因为中国现在是工业极幼稚的国家，工业本身受了内力和外力的压迫，直成不能抬头之势，是无可讳言的。因此，经济惟一的出路只有农业。说起农业，则中国百分之八十以上的人口多是农业的，在中国，几千年来社会的基础是农业，因此而其本身言，则他不单为全国食料的来源，并且亦为国家税收的基础；就其影响言，则政治的形式，民族的习惯，文化的方向，无不受其深刻的影响。因此而农业在中国，不单是谋经济的出路要靠着他，即是谋政治与文化的出路，亦非注意及他不可。则农业的重要，可想而知。然而再看农业现在的情况如何呢？则实令人不敢想像，现在正是形着剧烈的破坏。这就着食粮进口和荒地的增加，农村人口的减少，以及农人生活日即于贫困的各种调查的材料，可以充分的看出来，这是何等可怕的现象？所以现在少用点心的人，都觉得如何挽救这个衰颓的趋势而使其进步向上，乃是经济最根本的问题。

中国经济的根本问题既在农业，则合作能否解决农业的问题呢？我们要知道，现在关于中国农业问题的言论很多。戴着马克思眼镜的人，便觉得中国农村阶级的分裂，现在已经深刻得很，非农民起来暴动没有办法；又有的主张本部的土地不够用，非移垦不可；又有的主张非使用科学方法增加生产不可，种种主张不一而足。我们现在又提出合作的办法来，究竟我们有什么根据呢？是否他们的主张都是错误惟有我们的主张才算对呢？要知端的，则且更一看农业衰颓的原因何在——这恰如治病要知道病源以后才能开药方一样。

我们也知道，中国农业衰颓到这般地步，决非简单的原因。资本主义的侵略，战争的蹂躏，匪盗的扰乱，天灾的摧残，无一不是使农业日即于衰颓的原因。这几种原因，如果只有一两种加于农业之上，则农业也不致衰颓到这个样子，惟其交汇齐来，而后农业始日即衰颓而不止。这是极易见的道理，且为一般人所常谈的。但除此各种原因以外，还有一个较深隐的原因，则多为一般人所忽视，以我们所见，则惟此才是农业衰颓最根本的原因。

这个根本的原因，是什么呢？便是农人对农业组织之缺乏。假如有组织，则我们可以断定农业决不致有今日的现象。我们固亦承认，帝国主义与军阀天灾等，是摧残农业主要的原因，但假如中国的农人自来是有组织的，则共所受之摧残决不如今日之甚，而却自有其抵御此等摧残开辟新局面的力量，则可断言。譬如帝国主义，诚如一般人所说，他是摧残农业之恶魔，因为他破坏了我们农业的自足经济，而使农人的副业，逐渐的与农人游离，于是农人遂渐渐贫困；这诚然不错。本来一个农业国家，所有的副产物。当然不能同工业国家的产品争衡于交易市场之上。人人都愿用洋油点灯而不愿用豆油；人人都愿穿洋布洋袜而不愿穿土布土袜。机器的产品，当然是要压倒手工产品，这是无庸议的事。然而即使我们的副产品不能与人家争衡，主要的食粮我们未尝不可多多生产，以补此损失。又何况轻工业如洋布之类，小机器织出来的，亦未尝远逊于大机器之产品，则以小机器的织布机代替从前之笨织布机，固甚可使生活改进向上。此俱不能，果谁之过？说增加生产，则必须作改良地方，改良种籽等事，始可达到目的，然如个人单独作，则匪惟无此知识，且经济力量亦不够。如欲达此目的，则必待成一个有组织之团体始可。此事如此，改良机织，又何不然？而中国农人对此则绝无办法，一任自然之趋势，是非由无组织而然？又如天灾，有些如风雹之类，固不易预防。然如旱灾，则甚可用人力免除。多掘井、多挖渠，旱总可不致为灾；然而掘井挖渠，一人之力亦不够，亦须有待于组织。中国多少年来所谓天灾，多半是旱灾；地下明明有水而不知用，只甘坐以待毙，是果又能咎之于天？旱灾如此，水灾又何不然？像这类的事例，真不可胜举。假如农人是自来有组织的，则帝国主义又何能为害？或者且将以受新的刺激而有一个飞跃的进步亦未可知；而战争匪患天灾等，亦必大减少其摧残的力量，可以断言。（根本说来，军阀与土匪亦多系为农人纵容而成者）唯其自来没有组织，且无此组织之习惯，又几乎是先天的，在闭关时代，或以战乱，或以年荒，农业一时受了破坏，休息几时，便又可恢复了生机，更无继续衰颓的趋势；而一旦遇见了帝国主义这个硬的压力，更加战争匪祸，继续不断，农人除了束手就缚以外，实更无挣扎的力量，于是而农业乃竟不得不日即于衰颓，而成今日的局面。以此而吾人才敢断言农人无组织是农业衰颓根本的原因。明了了这个，然后才可以继续谈到办法问题。

关于办法问题，那般醉心马克斯的人，都以为非鼓吹农民革命没有办法，此其错误，本为极易知的事。因为中国的农村，自耕农实居大多数，其各人之经济地位亦不固定；即主佃之间，亦多有感情之结合，而无彼此斗争之势。在这种社会里，一定要说非行社会革命不可，真不知从何说起。更看其他的主张，如移垦，自然不能说不重要；然而移垦了，农人的生产便可增加，生活便可改善了吗？至于科学方法，这自然非使之加入于农业不可；但如何能使贫困固陋的农人得到运用？又极成问题。事实明明摆在那里，他的根本病症不除，不能使其由无组织变成有组织，便一切都谈不到；一切问题，非待能解决了这个问题，方能得到解决，无论是移垦或利用科学，必待对于这个问题有办法才能得到效果。我们现在所急须努力的，便是如何能使农人有组织。

如此则可见得，惟有合作才是救治农业最根本的方法了。合作不过只是一种合理的组织，他是把人类极普遍的生活方法，引申于经济生活之上，而得其合理运用的组织。他不单是组织而已，并且还合理。他能使一般人所见不到的利益，由他而发现出来，这是我们看了各种合作社的内容而知道的。他对于世界每一个民族，都曾有相当的帮助的。我们要想使中国的农业，一方止其衰颓的趋势，一方更有其新的进步，则惟有施行合作之一途，惟有合作才是中国农业的救星。

然则那种形式的合作社能担负这个使命呢？消费合作社呢？信用合作社呢？还是利用运销这种种的合作社呢？

在近数年来，国内提倡合作的人，有许多以为非从消费合作社办起不可。这是一种很有力的言论。这些人所以如此主张，可以说大部分的原因是受了正统派合作理论的影响。究竟事实是否可以如此，我们必须加以审量。

稍加审量，则将可以看出，这实在是盲目的主张。很奇怪，在今日的言论界上，直未见有人将此提出来作一番精密讨论的，仅见邵履均氏于其中国合作运动先决问题一文中，（见村治月刊一卷一期）对彼等之错误，略加批评。此文虽使吾人对之直有空谷足音之感，然彼所论，乃是只就农人的消费少，不需要，（非当务之急）一点而言，（可参看原文）则吾人仍觉其尚未深中彼等错误之根源。我们的意思，消费合作社之不适宜于现在的中国，并不只是因为农人消费少的关系，要知道即是消费也不行，根本上实在因为消费合作无法开出农业的路子。

原来消费合作，惟行在工业的社会里始能显其功用，愈是先进的工业国家，其效用亦愈大。消费合作发源于英国，亦繁荣于英国，而英国却正是老的工业国家。这是为了什么原因而如此呢？大体是这样：近代工业的趋向，本是趋于大规模的组织的，大规模的组织，非使工人分离于生产手段不可。愈是老的工业国家，工人分离于生产手段亦愈深刻，愈普遍。在这样的社会里面，工人是没有经济的信用的，是没有生产组织的可能的，（虽今日亦有几个生产合作社，而与工人的全体比例看来，其数直等于零）而他们同时却是社会上最大量的消费者，他们除了从他的消费行为下手谋生活的改善。实更无他途。但从消费方面生办法，也的确有办法。此办法为何？即是组织消费合作社是。因为消费合作社恰恰能解决工人的问题，而渐能将经济偏畸的组织，使其趋于不偏畸，所以愈是老的工业国家，消费合作社亦愈发达。更以在工业社会内，工人是社会内最大多数的人物，正统派又把经济的支柱视为消费而非生产，而工人恰又是最大多数的消费者，所以彼等主张改良整个的经济组织，非从消费合作入手不可。但要知道他们只是看了事实的一方面，另一面却又有农业的社会，农业根本便不是工业那样的情形。因为农业的趋势，并不如工业那样趋于大规模的组织，生产手段惟一的土地，即是佃农，在他的租种期内，他也是可以自由经营的。假如社会尚未进于资本主义的组织，则农人的生活几乎是可以完全自足的。几十年以前的中国，其乡村尚是这样：农人除了经营土地以外，并且还经营织布养猪打油等副业，这些多是一部分用以交换，而一部留为自用。这样他们的消费差不多于自己的小团体——家庭——内，得到满足了，更用不着谁来解决他的消费问题。现在农业也受到了资本主义的沾染，而一切也逐渐商业化了，副业大半为工业夺去了，他们消费的东西亦渐须由交换而得来了，而消费合作仍旧解决不了他们的问题。因为他们主要的问题实不在消费而在生产,他们非从生产里找出路不可。在工业社会里,工人虽作得生产的事,而因为工业组织的规模限制着他,成了生产工具的附属物,而不能单是一个生产者,与生产事业几乎没有关系。在农业社会里,农人除了极少数是脱离生产手段的雇工以外,其余则尽是自由的生产者,这样他不从其主要的生产事业里找出路,更待何求?以此虽然他们亦须消费,消费合作亦能替他们尽一点力,但这终是有限度的,绝不能像在工业社会里那样由消费合作可以开出广远的路子。这并非不愿如此,实在是因为他们更有一条光明的路子摆在那里的关系。所以正统派消费合作的主张,只可说是站在工业社会的立场上来讲的,根本不能适用于农业社会里面,这是极明白的道理。于此而国内一般提倡消费合作的论调,其错误的根源所在,当亦可以明白了。

既知消费合作之根本不适宜于农业社会,则那种合作才适宜于中国的问题,当亦可从此而得解决了。这当然是各种农业的合作才适宜。农业的合作,不外信用利用运销购买等,这些合作,无一种不是中国农人所切要的,要想为农业找出路,非赶快施行这些合作不可。即就前文所引天灾一事而言:天灾中最常有且最苦农民者,莫不如旱灾。连年陕甘两省之灾况,可作一证。抵抗旱灾之法,当然就是兴水利。但无论凿井掘泉开渠,以及工程用具的设备,戽水动力之装置,俱非贫困的农夫所能办到的。即使力能办到,这种建设的独立经营,亦非经济原则所允许的。此除了用利用合作办法来办,实更无他道。又如每逢新粮食下来,农人以急于用钱,便急于卖。而商人却于此时以低价购入,待善价而沽之,农人此时实吃亏太大。假如能组织运销合作,则一转瞬之间,便可得到很大的利益。即就此一事而言,运销合作,亦是重要已极。而要想办这些合作,则必须有资本,但在今日金融缺乏停滞已极的农村,资本的来源困难已极,几任办何事都无从办起,于是而使金融增进和流通的信用合作,实又为急需倡办的事。总之,根本我们要认清,合作只是一种组织的方法,什么信用运销等合作社,这不过是在为达到某一种目的而运用这个方法，以成了某一种的形式罢了。因此而直无所往，不可以应用合作的方法来办。不过我们着眼的方面则是农业，而农业的合作社，大体说来，则又不外是信用利用运销购买等几种重要的形式而已。

三

现在再来讨论第二个问题。究竟我们的合作社，应该怎么办呢？

在近日各国所办的各种合作社，其详细组织虽然不甚相同，而却有其一致的地方。这便是每一个合作社，一定是有一个理事会，一个监事会，这都是由社员大会选举出来的。理事会是管着业务方面筹划及进行的事宜，监事会则是执行监督理事会的账目与计划之错误与否等的事宜。理事会之下，复设各部或各员，如营业部或出纳员，以管理业务各方面的事。我们的合作社是否也要这样的办呢？这个问题看似平常，而实极要紧，合作之办通办不通，大部分是要看这个问题的解决与否而决定的。先说出几点这样办的困难：

一、乡村生活之无组织，已经成了根深蒂固的习惯，你骤然想组织起来，正是谈何容易？农人们终日忙于耕种的问题，你要他们聚在一起开会选举，他们且直不知开会选举为何事。岂但选举，又什么理事会监事会，在他们简直未听过这些名字，这些与他们原有习惯，相去不知多少里，你骤然要他们这样作，他们只有望而却步！

二、即使你可以训练指导他们来开会选举，然而他们又很少人能认得字，连要选举的那个人的名字都不会写，章程细则更无法明白。假如你是指导者，你何以替他们写选举票，替他们读章程吗？如果是这样，那么合作社干脆不要办好了，因为顽固的乡人们，将觉得是你玩的花样把戏，他们将退避三舍，毫不上前。

三、中国农民多是讲情谊的，你叫他们选举几个人作监事，他们将不知如何应用其职权。你说叫他们看见人家有错误提出来弹劾他，同是本乡的熟人，农人自己断作不到；假如他作得到，却已非中国的农人了。

以上是随便想起的困难，再说还有。要知这实非那种办法之本身有缺点，乃是因其本身不合于中国农人之习惯了。如果引申来说这个问题，则将及于中西社会异同的比较，但在此处不必去说。那种办法行于西洋或日本的社会，实既通且顺，行于中国社会，尤其是农村里面，则直格格不相容。假如你硬要这样办，则只有失败而已。

我们要知道，合作他的本身只是一种合理的组织，其办法因可随环境不同而生变化的。在中国这样一个有特殊情形的社会里面，当然也须有他特殊的办法。在这里我们当然不能将每一种的合作办法都提出来，只能指出概括的几个原则如下：

第一，要知道中国农民几千年来过的都是无组织的生活，而施行于西洋或日本的合作的办法，则是由其有组织的社会自然生长出来的。那种合作社的办法，原是一种分工与牵制的组织。此不止合作社是这样，在西洋或日本，可说是无论什么集社团体，都是此种精神在里面的。在他们的社会里面，这种精神是一贯的。如合作社，各部有各部的事，而统辖于理事会，此即分工的精神。又恐理事会有毛病，又设监事以监督之，此即牵制的精神。合此两种精神，而组织始称严密。此种组织恰如一个机器，一处动即无处不动，而又有力以牵制之，故其动又甚有规律。这种组织的精神，原是西洋的产品，日本不过取法之而已。在中国，则一向无组织的习惯，若把这种产生于有严密组织的西洋社会中的办法拿来用，尤其是拿到乡间来用，则扞格不通，亦理所当然。所以我们要认清，组织是我们必要的，但上来却不能即求其严密。我们要由简单的办法办起，使之渐进于复杂。这是第一个应遵守的原则。

这条原则，其道理看似平常，实不平常。根本要知道，由无组织的社会而使之变成有组织的社会，这原是养成新习惯的事。习惯原非是一日可以养成的。当着旧习惯根深蒂固的时候，骤然想养成新习惯，这是绝对不可能的事。又习惯本是互相牵连的，因为中国农人一向过的是无组织的生活，所以他们思想自然锢蔽。文字自然认得不多。因为文字本是心意交通的工具，无组织则心意交通的时间与要求亦少，文字当然亦感不着需要而不愿学，即学了亦是无使用之处，所以识字的自然少。这样你骤然要叫他们选举看章程作这些观念的活动，自然不行。如果是知道这个原则，任其势而加以指导，则职员不能选举，亦未始不可用推举的办法，章则条目极简单的立几条，即不识字亦可以记住。如此办下去，当可不致有何种障碍发生，而一切识字的要求，开会讨论的习惯，便可在这简单的组织之中，慢慢的养出来。这样慢慢过渡到较复杂的组织，而后这个组织，始是真的，始是能永久的。

第二，又要知道西洋合作社的办法，不只其严密的程度，不合于中国农人的习惯，就是其组织"倾向"，亦是不适合于中国农人的性质的。西洋合作组织的程度，本是根据于西洋社会整个的社会组织而来，而西洋合作组织的倾向，亦是根据于西洋整个社会组织的倾向而来。这个倾向是什么？便是处处要靠着各方面牵制联系的力。前面曾比之为机器，实亦不错。故我们又可说这是"机械的倾向"。这种倾向，能把各方面的力支配得平衡，而又无过不及之弊，如政治制度，近世各国，多是立法司法行政三权分立，此三权各有各的权限，而又互相牵制，不使超越其权限，于是而各方面之功用乃显，这种倾向，在西洋的社会里面，可说无一种组织不表现出来，而合作社会的组织，亦充分表现此点。此义前段亦曾言及，不过前段所谓不合，是就由此倾向而产出之严密组织，其严密程度不合于中国农人之习惯，今此则谓即此倾向之本身，亦不合中国农人之习惯而已。要知在中国社会里，维持其平衡的力量，原不是靠此种牵制的力量，而多是靠传统的习惯和是非的观念。牵制原靠力量之互相接触，而中国人则力量却多往内用，而少向外用。言人之短与好管闲事，最为乡人所不喜，即自己欢喜作，亦多知其为不应当。你如要他们监察别人，他们真将不知将如何监察，又一方面，则如处理一事，要事事受人监察，亦最为中国人所不喜，因为不受人相信，受人猜疑，这是最叫中国人难堪的事。这种习惯，普通人都有，而尤甚于乡间人。你给他这种牵制的办法，他真不知道将如何应用。强拿来，则定出毛病。故就此方面说，则是不可能。夫岂只不可能而已，而且我们亦不当使之有此种倾向。因为这种倾向，骨子里是防人作恶，可说是完全注意于人类精神的坏的方面，是把人的精神都看成低下的表示：故其意味亦甚低下。我们固然要组织，然而这种意味低下的组织，则甚不当要，我们不惟组织，并且还要含着高的意味的组织。这就是我们办合作的第二个原则。至于具体的办法，究竟如何始能合适，则尚有待于实验。以我们所见，则不要监事会，而于理事会之上，复举一会首，以司督促劝勉指导各理事之责，如此似觉甚合于乡民之习惯，而其意味亦绝不同于一般监事会之意味，以其中乃含有所谓劝善规过的意味也。最好是以乡村间为众人所推戴之有齿有德者充任会首，而理事则以年轻有才干者任之。如此其意味乃更觉深长。但这却是很细的问题，详细讨论则有待于专文，现在只能提出大概的办法如此，敢为大家介绍试验。

　　第三，简单的合作形式的组织，在中国原未尝没有，而尤以乡间为多。如摇会十老会等，正不一而足。不过目的大小，力量太弱，故与农业直无关系。但却多含有一种很高的价值在。此价值为何？即是其内容多除为经济的利益以外，乃更含有娱乐与道德的劝勉之意味。这一点精神，我们必须保留而更使之发展，本来各国的合作社，亦有把道德的意味加入其中者。如雷式信用合作社，社员不分红利而共负无限之责任，即表现此意味甚清楚，不过其所谓道德的意味，乃是宗教的信念，则为吾人所不取。但无论如何，此种意味我们是必要的。要知道经济的组织，本是关于生活方法的事，而我们却要在生活方法中来求生活本身的，对我们不单单是要有饭吃，还要求精神的向上。故以我们所见，则我们的合作社，必须保留旧日那种结社的意味，而更加以开展。要使合作社不惟是解决经济问题的机关，且又为提发精神的凭借。这样的合作社，才是我们中国的合作社，这是我们必须注意的第三个原则。

第四，乡村生活本是简单的，故合作的机关，亦愈少愈好。此则最好是取兼营的办法，一个合作社，可以达到两种目的以上的，则其收效亦愈大。如日本乡村中的合作社，三目的兼营和四目的兼营的合作社，很多很多。明是一个合作社，而却把信用购买，运销利用各方面的事都作到了，这真是最好的办法。这个办法尤其适用于中国的乡村，这可作我们办合作所必须遵循的第四个原则。

四

现在还剩下第三个问题要问，这个问题，就是"合作社怎样才能提倡起来"。这也是极有关系合作运动之前途的一个重大问题。

首先我们应该知道，合作虽是中国经济唯一的路子，然而要想得其真正的效用，则却非使之真正能植根于乡村间，而毫不空虚飘浮不可。这样，则倡办起来的合作社，至少不能违犯了这个条件；即是其成功必须不是由于外铄的。这就是说，真正的合作社，必须是社员自己的组织，这是绝不能否认的。然而要想达到这个目的，却很不容易。因为农人们现在这样的锢蔽愚陋，要叫他们自己感着合作的需要，而起来组织，真大有问题。这不要说是中国的农民，即在外国，也有很多的困难。如查理季特记叙法国农民的情况，便有这样的一段话："我并不是有意来侮辱农人，他们由他们的村庄载了满车的蔬菜家禽牛油蕃薯之类走向市场去，才到半途，就有顾客跑到车前，愿意出任便什么价钱来买取他们全盘的货物，农人对于愿出高价的顾客们，是不是也有时肯作正直人，说一句"你给我的价钱太高了，我的良心不能让我把货物卖得这个价钱"呢？

不会的，从此你们知道在这种情形之下，是没有我说的任何方式的合作社，可以引起农人的一盼的。信用合作社吗：要他干吗？或者以后他们的老债已经偿清，再也没有抵押的债务了，如果你和他说：你们应得结合起来，以便借贷，他们答得你理中有理：为什么你要我借债呢？我有的是钱，你要时我还可以借给你，不要吗？我去买防券好了。

贩卖合作社吗？我才说过，农人还不等跑到市场以前，就有人以高价给他们买了，那么为什么再要加入会社，去找更好的贩卖方法呢？

其他的会社之不能得农人之一顾，理由亦正相同。

这段话把法国农人的态度，可谓形容得淋漓尽致。法国农人之不能合作，因为其有办法，中国农人之不能合作，则是以其根本不知合作为何物。故要想叫中国的农人们组织起来，其困难实远甚于法国的农人。如何才能免去此种困难，而使合作真能成为农民自己的组织，则方法实有讲求的必要。

在今日一般气浮的青年，则必将以为非先从事于宣传不可。而不知心理锢蔽甚深的农人，宣传，农人们早已听厌了，他们根本便不愿意听，这还能有什么效力？

以此我们不可不细心搜求适当的方法，细心搜求，则自然可以归到这个结论：就是以为最好是先从事实作起，以刺激农人麻痹的心理，使他们自感觉出合作的需要，和合作的意义，而自己起来组织。这实可看出有两个具体的办法，可以达到这个目的：

一是利用乡间旧有的具有合作雏形的组织，如钱会之类，重新提议组织，而逐渐导之渗入真正合作之精神，逐渐坚固其组织，扩展其目标，以使达到真正合作的形式。如此，一方面有实效可见，农民将易于由此感得需要；一方面则由作此种组织之时，农民可以逐渐得到组织之训练，就是等于实地受了合作的教育，自易发生合作之兴趣，然后逐渐使其完全成为农人自己的组织，庶乎可能，而且亦可以永久。

一是看着某处必需某种合作，始可以解决某处最切要的问题时，则即可导之组织此种合作，以为倡导。如某处正在患旱，掘井是农人们唯一的救星，而此则非组织合作社来办不可，此则为事实之急需，我们就可从这件事来领导作起，凡事只怕不感着需要，感着需要了，自然易于作成，这件事如果能以合作的方法作成了，则亦无异是把合作的利益与办法教给农民，如此来引申此种组织及于别的事业，农人自可高兴自动来作，而不致永远成为被动的，这也是一个办法。

这两办法，俱是从事业里面给农民以训练的，根本可以说是一种因势利导的办法。如果是这样办法指导成功了一个合作社，则这个合作社决不致于空虚飘浮，而能真成为农民自己的合作社，可无疑问。这种因势利导的办法，实在不能不说是一条极稳善的路子。这不单倡导农人组织合作社要用这个办法，无论那一种事情，要想使其真正入于乡村内部里去，恐怕都非这样办不可的。

但是这样问题仍然不能算是已经解决，因为我们还应该问，这样的办法，将是谁来作才适宜呢？个人来作呢？还是待于某种团体或机关来作呢？

如果是个人来作，则恐怕非本村的人作不起来。因为唯有本村的人，才能对于本村里一切的问题，知道清楚；亦唯有本村的人，才能随时对农民加以指导，不致合作社走到错误的路子上。如果有热心之士能这样办，自然是极好的事。不过我们却又要想到：乡村是急待组织的，合作是急待推行的。但要使合作推行得开，成为风气，则却非使合作的重要普及于农人的心目中不可，个人的力量当然不过及于所在的村庄，或附近的村庄，其他的地方便很不易受到影响。尤其是个人在某一个地方是有时间性的，如会因事他去，或竟不在世间了，则其本村的合作社，能否继续办理，不致落于人亡政息的局面，实在是很成问题。再则是要想合作真正能够有所成功，非对现在一般农人自私的心理与习惯，有所改变不可；这样则必借教育之力才行。但这样的事，个人的力量亦难作到，即能作到，亦难普及其村中的每一个农人。况且与合作有联带关系的农业上各种的问题，亦必须加以指导，而这些事个人则绝对不能都知道的。但真正想合作在乡村间有广大的效用，这类的事又是非作不可的。以此个人作合作倡导的事，实在是大有问题在。

再来看团体或机关的力量。团体或机关，比较不致以个人的去留存在而受影响，或者其力量亦来得比较个人的大。但用这一种力量来提倡合作，问题亦不少。最明显的是这种团体或机关，还是何种形式呢？是谁来组织呢？政府呢？抑是农民自己呢？政府来组织，则或可如农事试验场的办法，在各乡村里，设立类似于此的机关，以为推进合作的动力。但我们要知道，农人对于政府的机关，历来是以另一种眼光来看的，他们对他常是一味的躲避，因为他们是受够了骗了。以此，这种组织，无论如何，终难与农民真正的力量相接触的。想着凭借着他指导农民组织合作，使之成为农人自己的组织，真是极难的事。政府的机关既有困难，农民自己的团体当可以行了，但这又将采收何种形式呢？又将如何才能达到真正的目的呢？也是不易解决的问题。

总之，以个人作动力，问题固然多；以团体或机关作动力，问题也不少。事实上究竟如何始能达到完善的地步呢？比较来说，团体或机关的力量，要来得大些，是可以无疑的。因此，寻求的方向，恐怕亦非在这一面着眼不可了。

现在我们应该先定出几个寻求的标准。我们以为要想组织一个有用的机关或团体（以下只称机关即可），则这个组织必须合于下面的几个条件：

一则须是乡村自己的力量；

一则须是乡村领导的力量；

一则须是乡村永久的力量。

普通政治机关之不能深入于乡村，其原因虽多；而最大者，恐是由于不是乡村自己的力量所致。现在我们应该先去掉这个弊病，要叫这个机关成为农人自己的机关，乡村自己的力量。但问题仍要问回来，如此将取何种形式的组织始能同时合于其他的两个条件呢？

从各方面来研求，则这个机关，似乎是取一种民众学校的形式来组织为宜。因为要想使农人普遍的受合作的训练，则非是一种学校的办法，不能达到这个目的；而这种学校，未始不可各村联合来办，则开合作的风气亦较容易。但这个学校，却绝不能同于一般的民众学校；必须是各乡村间德望素孚的真正的乡村领导者所倡办的。因为唯有这些人，才是乡村的头脑，这些人来倡办这个学校，则乡村的头脑既在，自然能成为乡村自己的力量。同时这个学校即当以本处的各种问题，为研究训导的材料，乡村间各方面新的知能与方法，是要生产于这个学校里面的，以此又可为乡村间领导的力量。又因为是一个学校，故亦自易继续下去，不致只成为一时的力量。

以这样的一个学校来因势利导的提倡合作，则自较个人提倡之力大得多多，而庶亦不致走到一个虚空飘浮的路上去。这样的一个学校，我们可以名之为"乡农学校"；他与丹麦的国民高等学校之意味颇相同，而办法则相异。他不但可以推动乡村间合作的组织，实更有改进整个乡村生活的功能。现在只极简单的提出其办法的纲领如此。世之热心乡村运动者，曷加以注意试验？

（十九年十月）

乡村合作事业之推进问题

秦亦文

（一）在乡村中推进合作事业是容易还是困难？
（二）用谁的力量推进？
（三）有些甚么方式？
（四）推进工作的内容是甚么？

一 在乡村中推进合作事业是容易还是困难？

（甲）从民族精神上看——合作事业成功了的国家，大家都推丹麦。成功的原因，或推格龙维（Grnudtvig）倡导的民众教育，或推丹麦历史上的合作精神。其实这是一件事：格龙维的民众教育复兴了丹麦的民族精神，使丹麦历史上的合作精神重新在近代合作事业上发生了作用。丹麦合作事业成功的条件是如此。在中国民族精神上有没有这样优越的条件？简单的答复是"有"。可以从两方面看出。（1）从中国历史上的政治制度上看：中国向来的政治制度是礼治，礼治与法治的区别是"法治建立在人与人相持之势上，礼治建筑在人与人相系之情上"。说相持就是不合作，或有条件的合作；说相系便是合作，或无条件的合作。说势便是相争，说情便是相合。政治制度是风俗习惯的表征，或者说是风俗习惯的结晶。政治制度如此，可以断定中华民族在历史上是同丹麦一样的富有合作精神。（2）从儒家的思想上看：儒家的社会哲学，是教人讲义务，不要讲权利——父慈子孝兄友弟恭朋友有义。教人相合不教人相分，教人相亲不要相违。儒家的政治哲学是以礼乐代法律，教人和乐相安根本上不生事端，不拿法律规定你我的疆界，不拿刑罚作事争后的消极制裁；换言之是教人合作。季特教授说："在中国，合作运动也一定会成功，比较别国尤其易于成功；因为中国是自古以来，始终实行团结及休戚相同的国家"。又说："中华民族组织，乃一个庞大的家庭（更切实说一点，乃是千百家庭的联合），合作亦不过是范围扩大的家庭而已"。

（乙）从乡村社会本质上看——（1）乡村社会以农业为主要职业，与大自然接近。（2）乡村社会中人民信仰比较单纯，而且近于一致。（3）乡村人口变动较少，多永久的附着在土地资本之上。（4）乡村中人类同情心较为发达，互助的事例较多。（5）乡村中共同意识比较浓厚，无形中养成一种地方观念。这许多条件，都是与合作的条件相接近，或者相合；这都是乡村合作组织推进上可凭借的优势。就乡村社会本质上看，合作组织之推进可凭借的优势固然很多，可是也有相当的困难。如（1）乡村社会既以农业为主要的职业，受天时地利的支配极大，赖天时不信人力。（2）乡村人民保守性极重，接受新思想的能力比较薄弱。这是在乡村中推进一切事业都要遇到的困难，合作组织之推进自然也免不了同这些困难相遇。

（丙）就乡村中固有类似的组织看——研究中国乡村社会固有合作组织的论著，编者所见专书尚少：仅就王君宗培所著中国之合会一书去看，知道中国类似信用合作社的"合会"，是颇为发达的。戴君蔼庐的序文里说："其起久行远，行之数千百年而不弊，此类组织无南北，咸甚发达。"又说"至合会之制，则具勤俭储蓄之性质者有之，相互保险之性质者有之，扶危济困之性质者有之；其信用之稳固，组织之周密，计算之巧妙，今日合作制度未敢多让。而其名目则因地而异，殊为繁多：如集会、邀会、聚会、请会

（山东），打会（安徽），纠会（浙东），约会（湖北），做会（粤省），赊会（云南）等皆是。"这种种的会从甚么时候就发生、史乘上虽然没有记载，但据推断，大约是很久远了。王君说"合会之法由来已久，要以我国士者讳言利禄，以为此乃市侩商贾之惯技，不为彼辈以狐高自况者取法，故而不入经借史载史乘。"但据王君的推测，在唐朝便有这种组织。至于合会推行的范围，王君说："合会之成为我国各级社会最通行之合作方法，已无可讳言；惟其流行之初，运用之者，仅为中产阶级中人，——观其会规之作，词章雅达，句调婉转，岂不信然。其后宣传推广，渐由中产阶级，及于无产阶级；合会之法，到民间去矣。"类似信用合作社的合会，在中国既然是这样发达，在中国乡村推行合作正是符顺旧制，自然易于着手。

（丁）从近数十年来乡村民众心理上看——数千年来中国乡村社会，不进步也没崩毁。没有受到剧烈的刺激，也没有发生意外的变动，悠悠然好像在时代中睡着了；可是并没有睡着，只有静止不动，没向进化上走，也没向退化上落。可是近数十年的情形突然不同了；第一是海禁开后，欧美思想的闯入，突破了中国固有的风俗礼教；而新的亦没建设得起来，使得乡村民众徘徊观望，心无所主。第二便是军阀哄斗，与土匪的扰乱，使得乡村民众日不聊生，苟且偷安，无乐生的意趣。第三便是新政频施，而毫无结果，豪绅污吏，又每假借名目，剥削聚敛，使乡村民众望新政而生畏，视新法如蛇蝎，兢兢焉惟恐身落网中。第四便是国际资本的侵入，以及政治上的剥削榨取，使农村经济，极度破产；民众贫乏之极，贪图近利，而不足以谋远。这些则是合作倡行当前的困难。

我们胪列这许多优势，许多困难，目的是在推行时如何利用这优势，如何避去或破除这些困难；这是我们在研究乡村合作运动前必须考虑的。

二　用谁的力量推进？

凡是一种社会事业或社会运动的发生，无不以社会实际的需要为它的基础。合作事业的发生，自然也是应着时代的需要而来的。甚么是合作事业推进的力量？可以说过去的社会历史、现在的社会制度，广义的说，都是推进的力量。但所谓时代需要，一般人往往感觉不到，尤其是乡村的农民感觉不到，——或者少有感觉，而认识不清；这便需要社会上有眼光有学问的人的体认与倡导。所谓把握住时代的车轮，推进时代的车轮，使一种运动，在较短的时间内涌现出来，就是社会运动的意义。在近代，世界事变日急，各国各民族，都在作有计划的前进，统制计划两个名词几乎同任何事业都要联起来。我们要乡村民众起来一致参加这新经济制度的建造工作，亦必须考虑一下，应该如何推进，用甚么力量。

合作事业如何推进？就原则说，实在很简单，只要三种力量：第一是国家法律的保护奖励与经济上的协助；第二是学术机关（如农工专校、研究所、农事实验场、农业推广所、实验工厂等）与专家的指导；第三便是一般知识份子，有组织的或无组织的宣传诱导。（实际上要这三种力量具备，自然是件难事）

我们就世所称为合作制度的国家的丹麦，一分析他的合作事业成功的条件：第一、农业合作是需要土地资本及经营上的自由的。但在一七八八年以前的丹麦农民受着很牢固的封建制度的束缚，土地在大地主掌握之中，农场的管理权，甚至农场工作者的生命，完全为地主们操持着（农场工作者不能自由择业或移居，不能因他处报酬较好而离职守，报酬的多少，完全由地主规定，而以实物支付）。丹麦政府于一七八八年开始实行土地均分的第一步具体办法。将束缚农民在特定农场工作而不得移转的法律取消。一八一九年又通过一条法律，限制人民之土地享有权，不能超过法定的标准数。一八六一年与一八七二年又制定法律，遇农人有意购买土地时，得受国家的协助。土地享有的情形，自从这些法律通过后，就大大的变动了，丹麦政府更进一步鼓励地主卖地，由国家规定凡以田地售诸自己的佃户的，得收回买价百分之十二，若售诸外人，仅能得买值百分之八，其余之数，则投资于可信托的担保，为法定财产继承人谋富利之用。政府更以法律规定，用此种政府补助方法获得土地的小业主，不能共同耕种，曾不得兼并。如果就这许多法律总合起来看，很容易看出政府的立法作用，在驱使小业主群趋于合作运动的建树上去；因为小业主的单独财产，无广事设备的能力，非有合作工作，不能独获相当的利益与破除繁多的困难。第二、农业生产合作成功的要件，在出品的优良；而丹麦政府对于农产品的鉴定，规定由国家来管理。各式农业合作社所请的专家技师，国家施行严密的监督权，对于技能的检定，技师的工作，都由国家执行监督；技师的薪金亦由国家支给五分之三。第三、金融是事业的命脉，合作事业也不能是例外。我们看丹麦政府在这一方尽的力量怎样。一九一三年美国委员团视察丹麦一八八九年颁行制度的报告谓："政府方面曾提出几百万克朗（Kronen or crown）便利一般农夫为设置农场之用；最初每年是二百万克朗，现已增至四百万，利息三厘。此种国家信用，仅放给一部分小农，……使他们能自己建树起家庭来，变成自主的有所主。"又规定凡请求此项贷款购买土地者，必须年在二十五岁以上五十岁以下，身家清白，才能干练，并须有四年的农场经验。这些规定我们可以说都是农业生产合作社社员重要的条件。又可以从另一个方向看出国家对合作之推进的，便是政府对合作者所决议的办法必与以一种法律的认可，对合作家所赞同的政策，加以一种推动的力量。

以上是政府的力量。我们再看丹麦的学术机关及专家们对合作事业是怎样的。丹麦合作事业是以酪乳制造驰名地。从一八六〇到一八八〇这二十年，如西格尔克（S. segelcke）教授极力把科学的正确的制造牛油的方法介绍进来；一八六五年西格尔克教授训练了一班牛油制造专家，并印行关于牛油制造的专书小册，作小业主平时的指导。又如费耶特（Ejord）教授亦从实地试验上供给农夫们以科学的方法。在一八八九年皇家兽医农业大学举行牛油展览会，遍邀各制酪合作社，送生产品的样子；划分等级从事试验，举行牛油技术讲演，报告化验结果，以及具体问题的讨论报告。因此使各合作社获得牛油生产的充分知识，在专家指导之下，来从事实地工作。

最后我们要说到丹麦的一般知识份子（主要的是从事教育的），在丹麦合作运动上的贡献。在这里我们只指出格龙维（Grnubtuig）和他的弟子柯尔德（Kold）施洛特（Schroder）倡导的民众教育就够了；这是已经有许多专著，伸述他们的功绩了的。

在合作运动发源地英德法三国的情形，自然同丹麦不一样。合作运动在这些国家内发动，可以说是被苦难推进起来的，此外可以说是一点别的助力都没有。罗虚戴尔（Rochdale）的法兰绒工人，因为生活困难又感受着资本家的压迫，才起来组织他们的公平先锋社；许尔志（Schulze），雷法巽（Raiffeisen），因目击乡村农民城市工人的困苦才倡导信用合作，传利叶（C. Fourier）因看到工银制度的罪恶才倡导生产合作。合作运动在发生之初，除这少数人的大声疾呼外，只有苦难是驱逐民众起来参加的力量。可是合作运动后来的进展，则第一是得到国家法律的承认与保障；第二是国家农业金融机关的协助，第三便是宣传会社——教育学校报纸精神上的指导。

在中国合作运动的推进：就方式上说，是应该采取指导策略；就作用上说，是应采学术的计划策略；就运用上说，应采取多方并进的策略；但为顺应乡村民众的心理，指导政策应力避官府行政方式。为专其责成，多方面的推进，应有一主力机关。为适合农村状况，计划应适合地方情形。这是一般原则。更进而申论负有推动责任的机关，同这些机关应有的功能。

（甲）政府的推进：这里说的政府是指中央及地方政府说的，政府应尽职能可分（1）立法：合作法规的功用，简单说有三点：

其一为调整合作事业的步骤，其二为保障合作社的利益，其三为取缔不正当的合作社或冒名的合作社。而进步的合作法规，则含有最重要的奖进的意义。（2）设置农业的教育机关：农业改良是乡村合作事业的灵魂，亦可说是乡村合作事业最重要的目的；新农具新种籽新方法介绍到乡村去以后，乡村里便更感觉着合作的需要。乡村中有了合作的组织，农业推广的工作，便更容易进行。这种相互的因果关系，是在学理上、事实上，都是铁一般的固定了的。农业的研究实验改良推广，必须由政府的力量，大规模的去办不可；如设置农业专科学院，或农业研究院、农事试验场、农业推广所，都是政府在这方面应尽的责任。有了这些机关，一方面向乡村供给农业技术，一方面向乡村供给农业人材，乡村合作事业便有了灵魂，有了生命。（3）设置农业金融机关：欲图产业之开始，及合作事业之进展，非有活动流通的资本不可，尤其是在今日的中国农村，若无资金以资流转，即使组织起合作社来，也只是一个空的躯壳，不会有实际的效能。如何使都市的资金流返乡村，这是政府的责任。在目前虽然也有许多银行，因资金积滞而改变营业方针，投资到乡村去；但银行家的目的是营利，决不会顾及乡村的利益。如何筹设农民银行，或合作银行，如何监督商业银行向乡村投资，都非以国家的力量执行不可。（4）指导监督：指导监督是政府当然职能，但就普通意义讲，政府的指导监督是执行合作法规的消极行为，在目前中国政府的指导监督，则应有积极的意义。

（乙）学术机关及社会团体的推进：这里所谓学术机关及社会团体，是泛指着公私立的农事教育机关，农业研究机关，社会教育机关，乡村小学以及有关的社会团体说的；主要的则是指着农业研究机关及社会教育机关。这些机关应尽的职能是（1）与乡村农民以根本动机：这部分工作重要的自然是宣传——给乡村民众以根本的认识。但是并不限于宣传，或者说应当是广义的宣传，或实物宣传。如应季节的需要，集合乡民合作工作，或合同购买，或共同谈话以讨论乡村具体问题；都是应当活用的方法。这项工作是推进合作运动最基本的工作。前曾就乡村民众心理说明合作推行的困难，这项困难，主要的要从这方面来解决。这项工作如果作得有效，乡村民众从心理上的消极沉闷、贪小利不想进取，一变而活泼有生气，努力进取，对事业有兴趣；合作运动，便可以迅速的展开。如果没有这项基本工作，便有了完美的合作法规，良好的农业技术，都不会引起乡村民众的一顾。即勉强组织起合作社来，也是空的驱壳。甚至有了农民银行，贷给他资本，他也不用于生产。（2）与乡村民众以活动内容：即在农业上供给新种籽新工具新方法，或在农家副业上供给新工具新方法。（3）与乡村民众以人事上的供给及人事上的帮助：这方面主要的工作是业务人材（如会计司账经理）上的训练，业务上的指导，以及领袖的扶持，社员意见的调整。

（丙）一般知识份子的推进：凡是明了合作意义的人——无论他的职业如何，任务如何，对于合作事业总是极愿意负推进之责的。但这里所谓知识份子，则主要的指着从事于乡村工作或社会教育的。目前中国的乡村合作事业，由一方看，必须政府来解决物的问题，如关于金融上农业的各种设施。但由另一方面看，则必需由从事社会教育以及乡村运动的人，作精神的发动，以解决人的问题。物是死的，人是活的，必须有人的发动，而后可以运用物的供给。所以从事于乡村工作，从事社会教育的知识份子，对于乡村合作事业，应当负着很大的责任。在职能上讲，他们——知识份子的责任，同学术机关社会团体的责任是相同的。但他们可能作的方式更多：例如他们可以单独去推进，也可以发起一种团体，运用组织去推进；可以口头去宣传，也可以发行刊物报纸用文字去宣传；他们可以利用固有的组织、固有的场合、固有的刊物去作，也可以创造新环境去作。总之他们是可以左右逢原的往前作。但就工作的效能上讲：自己去作，不如领导大家去作来的有效；领导着各个人去作，不如领导着全体去作有效。所以在运用上，应该先有手段的组织；如成立乡村改进会，乡村建设委员会，合作促进委员会，然后达到目的的组织——成立合作社。或利用固有的组织成立第二组织，如于民众教育馆之下成立合作事业辅导部，或合作人员训练部等以达到终极目的——成立合作。

三 有些甚么方式？

今日中国之合作事业，究竟应当用甚么方式来推进，或由甚么机关来作单元的推进，这是不能确定的。如求推进之迅速，当然应该由政府来作，以严密的计划由上而下节节指导，节节督促，以达于农村。但这样所需要的政治条件则太高：第一须政府有确定的事业费，第二须政府有大批可用的人材，第三须是政府得到人民的信仰。不然便会使合作运动流产，或者仅有了组织的形式，而不具实际的作用，使合作事业夭亡。如求推进之稳当，则以由社教机关或社会团体负责为最宜。但今日之中国，凡有事业均已着着落后，合作事业之推进，诚亦不能拘于某种方式。如前所言，须取多面推进之原则。今日中国合作运动之现状与政府所取之态度，殆亦如此。现就实际情形分述各种推进方式。

（甲）由政府推进者：……合作运动在这种情况之下，是须要政府作主力去推进的，豫鄂皖赣四省农村合作委员会，便是负这项责任的机关。此外如山东江苏浙江数省，合作事业发展最早，成绩亦较著，乡村民众亦已有相当认识；目前推进计划，亦著重政府的力量，各县政府多有合作指导员之设，在建设厅指导监督之下负其责任。

（乙）由农业金融机关推进者：农业金融机关以增进农业生产，发展农村经济为目的。如何方可使农民得到借款；及借款后如何方能收到实际上的效果？又如何使银行放款安全？都是极重要的问题。在这些问题之下，银行的放款对象，当然为有组织的农民。有组织的农民当然以合作社为最适当之方式。因此农业金融机关乃自然的对合作事业立于倡导的地位。现在江苏的农民银行，豫鄂皖赣四省农民银行，浙江各县农民银行，便在这种情形下推进着合作事业。普通商业银行，如上海商业储蓄银行，中国银行，现在也做这方面的活动。是在救济农村的意义上，自然是一种可喜的现象；但普通商业银行的放款，以有无担保为唯一要件，对于合作事业的本身是忽略的。为合作事业的前途计，政府对合作及银行双方应有一种监督的办法。

（丙）由社会团体推进者：这方面最大的例子，便是华洋义赈救灾总会。要谈到中国的合作运动史，该会的工作，是值得大书特书的。当合作事业刚刚萌芽的时候，许多合作的企图，多是片断蜉蝣的；其规模宏大历史久远，而且著有成效的，则首推该会在河北各县所协助成立的农村信用合作社。该会的工作，注重救灾，而尤注意防灾。其推进乡村信用合作组织，目的即在防灾。盖乡民贫困，家无积蓄，借款困难，利息奇高，一遇荒年，惟有束手待毙。故救灾的方法，是预先与以借款，俾农民买耕牛凿水井，改良土地，增加生产，改良生活状况；这样即使遇有荒年，也可以减轻程度。该会认清了这个目标，便于民国十一年成立农利委办会，招请农学家，及经济学家，研究为民通融资金及改善经济状况的办法。结果便决定组织农村信用合作社。于是拨定的款，筹设试办。同年夏天遂着手于乡村调查，并一面研究合作制度——采用雷氏信用合作社亦遂于是时决定。民国十二年制定农村信用合作社模范章程，并设合作委办会专司其责；乃即开始向农民宣传，训练办事人员。及民国十三年二月，乃有第一个涞水县娄村信用合作社，被合作委办会承认为合格。同年陆续被承认的，共九个合作社，此后河北信用合作社接踵而起。该会以事业日渐发达，社务愈加繁重，渐感有根本整顿及奠定稳固基础之必要；于是乃在会内设立农利股，专司其事。合作委办会为立法机关，农利股为实施机关，两者相辅而行。又以合作事业必以社员明了合作意义，职员有办事才能为条件，乃发刊合作讯，召集合作讲习会，从教育上教导农民；合作事业乃愈稳固。近年来该会工作已扩大及于安徽江西湖北各省；就事业区域讲，就过去成绩讲，都算可观了。

（丁）由社教机关推进者：江苏各县民教机关，规定一定时期内组织若干合作社为标准工作；其他合作事业已经发动了的省份，社教机关亦渐向这方注意。我们以前曾说过，社会教育机关，在职能上是应当对合作事业负责的；在将来合作事业的成功，亦必定得靠着社会教育的力量。惟在目前各社教机关因限于人力，尚不能作单元的推动，但由社教机关的酝酿孵育而成立的合作社，则是所在多有的。

四　推进工作的内容是甚么？

乡村合作事业的推进，政府、学校、社会团体、金融机关、团体或个人，都可能直接去作。可以作单元的推进，也可以作部分的推进。较为理想的方法，则是由社教机关或负专责的机关团体，在政府的协助指导下，与金融机关农事机关等取联络作单元的推进。兹以此为理传想进述其推进工作之内容：

（甲）宣传与训练：季特（C. Gide）教授说："在法国农村人口中，不易使农业组合运动发芽迅速。然而经过多少困难，终竟算是发芽了。不过最有味的事，还是发现加入农业组合的，不是最贫苦的劳动者。"合作社所要拯救的，便是最贫苦的劳动者，何以最初加入的，并不是这些劳动者呢？季特教授继续说明原因："本来一切社会革命，都有这种情形的，永不会一个运动是由最贫苦的部分出发的；他们每天的生活，就够他们终日劳碌，'现在'把他们吸收住了，自然没余暇顾及将来。革命理论是来自生活比较优裕之人的脑筋中，也只有他们才有时间来推行。"最需要合作的是最贫苦的人，他们都没有机会了解合作的意义；所以说宣传便是推进工作之第一步。但是合作社是一种需要各个社员尽力参加的事业；在合作事业本身，它固然有一种内在的力量吸引着社员来参加。而社员能力的训练，如计账、业务管理；社员道德的训练，如忠实于社务、拥护社务；团体生活的训练，如服从团体的决议、重视公共的利益：都要合作运动者作有计划的训练，社务的进展才会迅速。宣传与训练，在形式上讲，是不很相同的；但就其内容讲，则彼此互相关联。宣传的目的是有很大的训练意义，训练亦常以宣传为方法；故现在合并申论。其要点如下：

（1）宣传与训练之原则——乡村民众在贫患之余，非常的贪利；如果宣传时，以"利"为引诱之唯一方法，则极易引起争利的观念，使社务发生不良影响。或者原来为了私利来参加的，因为急切得不到实利，便不再参加，陷社务于不可收拾（如参加信用合作社为着取得贷款；但银行贷款与合作社，是有条件的，如一时得不到贷款，大家便怨声载道，不复过问）。合作社是为社员谋利益；但这种利益必须全体社员互助共求，是用团体的力量向旧经济较大制度奋争得来的，是各个社员出力气得来的，不是徼幸可得的。同时合作社是为社员谋较远的利益，而不是目前的小利。各个社员必须以坚忍的力量，共向远大处走。"不以利诱"这项原则，实行起是非常的困难；因为用利引诱是最捷便的一条路，而合作社又确是为社员谋利益。但如果在宣传的时候，能使各个社员明了，大家的不能抬头，是在旧经济制度之不良，——这是可以用乡村民众眼前的事实说明的。要大家起来共同建立一个好的制度，便是个人以及子孙长久的大计，则社员或不致于遇利即争，无利即去：这是第一点。再就是能使社员明了利益是出气力换来，只要气力有用处，便不愁谋不到利益；这是第二点。再就是在分配利益的时候，须使社员有一种公的观念，大家合力共同得利，大家各以对合作社经济关系之多寡（如利用合作以利用多寡计，消费合作以消费量之多寡讬，运销合作以交货之多寡计）为分配标准；这是第三点。这项原则——"不以利诱"确是很难于遵守；但华洋义赈会合作事业的成功，便是坚持着这原则得来的。

（2）诱导组织之宣传与训练——这项工作自然注意理论的宣

扬，但要切实注意我们的对象是农民，所以应该以理论作基础，而切实运用农民已经感觉到的事事物物作材料。如生产过剩，或市场被客货挤去，或市场被种种原因拥塞了，农业价格惨落，甚至完全卖不出，丰收之年依然受苦。乡下人虽然不明底细，但大家都有共同的感觉，便说是"富艰年"，这便是宣传运销合作最好的实际材料。他们正莫明其所以然而渴待着转换年头的妙法，你若为他们说运销合作可以在这方面有些效果，运到别处去便可卖到好价钱，但你自己却办不到，大家合作便可解决；运销合作的理论，便宣传到农民的心坎里去了。

　　利用农民集合的场合，引导他们谈问题，为之指示解决的方向，是很容易引起合作动机的；这也是可用的一种办法。农民相聚，便不由的谈起张家的猪肥，李家的牛好，虫灾旱灾肥料种子，他们都会谈到。如无人为之引导，他们或叹息一会，或兴奋一会，或者羡慕别人的运气好，自己的时运坏，便就散了。如果从旁引导着：第一使大家问题的一致，第二谈到解决方法，第三大家谈到合作去解决。组织的意识便引来了。再就是可以称为合作运动的前哨运动的合同购买，是具体宣传最有效的方法。负推进责任的，要利用季节随时去作。

　　（3）充实组织之宣传与训练——这项工作的对象是已经加入合作社的社员。这项工作的内容：第一是使社员忠实于合作社；在消费合作社，为不脱买，在运销合作社，为不脱卖。第二是使社员热心于社务，最低的限度为不缺席各种集会。即一方在物的关系上充分的与合作社发生关系，一方在人的关系上充分与合作社发生关系。

　　（4）扩大组织之宣传与训练——这项工作的对象，是社员以及非社员。这项工作的内容，是增加社员的数量，扩大事业范围，提高营业周转额，增加资金的额数。即是吸收实业区内一切合乎社员条件的人都来作社员，并使原有的社员供其最大可能的力量，谋事业之发展。在方法上对社员是用教育，对非社员是宣传合作理论及营业成绩。

（乙）资金介绍：合作社是含有营业性质的一种组织，他自然也同别的事业一样，需要资本，更需要外界资本的流通。就乡村合作事业讲，中国农村经济困窘，已达极点，需要资本的情势，尤其迫切。反过来就都市一方面看，许多银行都患着水鼓胀，资金屯积无处宣泄。如果向农村投资，则以需要琐细调查繁复，无处着手。这正需要推进合作事业的人，两下联络，从中拉拢，一转移间，两方面便都有了活气。但介绍的作用，不仅使两方面向来不接头的现在接上头；要更进一步，一方面使银行的投资用于生产事业，一方面使银行的投资得到安全的保障。

（丙）农业技术及优良品种的介绍：农业的讲求，在中国虽然未臻完全，但不无若干机关锐意从事。于改良品种，改良农具，防除病虫害以及灌溉施肥农产制造之研究，不无相当结果，可供农村之实用。但中国的农民知识太低，够不上接受这许多的给与，农业研究机关虽然可以直接推广，但范围总是太狭小，训练出来的农业人材，根本既不敷分配，实际亦多弃其所学，并不在乡村发生作用。就合作社方面看，乡村的合作社是含有促兴农业的目的，它是需要农业研究的结果的。又：如果新的技术、优良品种介绍到乡村去之后，合作的需要便立时增进，合作社果组织得起来，农业的推广便更加迅速。两方面又成相互因果的关系，更迭为进。在农业关系与合作社中间发生媒介作用的，便是合作运动者。——他一方面与农民相习，一方面亦可与农业机关接头，地位也是最相宜。中国目前在这方面已表示出成绩来的，便是棉业推广与合作组织的交互运用，已经使中国的棉业有抬头的希望。

（丁）市场介绍：各种生产合作社、运销合作社，必须有了良好的市场，才会有发展的希望。市场的寻求，这又不是农民所能胜任的。合作运动者或者向都市的工厂接头，或者同出口商人接头，或者同批发合作社接头，或者调查合作社自身可以经营的市场；果能使市场问题得到相当的解决，合作事业的成功便可操左券了。

(二三，一二，一二，于无锡教育学院)

乡村学在合作运动上的功能

秦亦文

邹平实验县的工作目标是乡村建设，其推动机关则为乡学村学，现在我站在合作的观点，来看乡学村学对于合作的关联及其功能。

梁漱溟先生，在其"山东乡村建设研究院旨趣书"上说：

"我们要认清我们的题目，握定我们的纲领。题目便是辟造正常形态的人类文明，要使经济上的'富'综操于社会，分操于人人。其纲领则在如何使社会重心从都市移植于乡村。乡村是个小单位社会，经济组织政治组织皆天然要造端于此的；一切果从这里建造起来，便大致不差。恰好乡村经济建设要走'合作'的路，那是以'人'为本的经济组织，由是而政治亦自形成为民主的。那么，所谓富与权操于人人，更于是确立。"

由此可见乡村建设之经济建设一面的工作是要"走合作的路"，以形成社会化的经济组织的；而合作主义的最后目标亦在实现社会化的经济制度：此两者的目标旨趣实是相同为一的。

现在我们来看乡村建设中"居于推进社会之最前线而实施其推进社会之功"的乡学村学，对于合作事业究竟具有如何的功能？目前它是否果有此功能？再进一步则研究是否需要扩大其功能，及如何扩大之处。作者此文的用意即在：一、对乡学村学检讨其此种功能；二、则为合作事业之推展，对乡学村学组织安排及其工作来建议。

从合作史上来找合作运动成功的条件，是合作研究者常常追寻的一个目标，而所得结论，每以精神条件为言。如法国季特教授在其所著《英国合作运动史》上提出的；英国人的"意志坚强""肯受最严的纪律"。氏在巴黎大学讲"世界合作运动鸟瞰"亦提出："百折不挠的坚忍之志"，"信仰心的专一"，为合作成功的条件；而最重要的精神条件，则归于和平。

我们要问：合作事业何以在英国首先成功？何以丹麦被称为合作的国家？这就不能不归功于英国人的意志坚强，丹麦人的合作精神；而我中华民族的固有精神，则更适合于合作。季特教授于其所著农业合作（彭译）序文上说："欧洲各国多少都是军人化了的，惟中国认农业为人生第一要义……更听说中华民族组织一个庞大的家庭（更切实说一点，乃是一个千百家庭的联合）而以祖先崇拜为宗教，生活于和平中者亘数千年，并且相信在这个大国中，自够实现一种经济的理想，即所谓大自然律者是也"。又在他处说："合作运动在中国一定会成功，比较别国尤其易于成功，因为中国是自古以来始终实行团结及休戚相关的国家"。可是目前中华民族固有精神，已经颓废失坠了，非有一翻振奋唤起的功夫，不足以成就合作事业。那唤起的工夫，自然要归于教育了。邹平的乡村学，一面固然是社会改进机关，同时就是一种教学组织；于振奋人生向上及唤起民族精神还是有功用的。乡学村学须知中说："结这个团体（指乡村学）干什么呢？为的是齐心学好，向上求进步"。乡村学的功课，除他种外，精神陶炼与讲话为最主要的科目；此科即在使学众人生向上，精神奋起的。有了精神的奋起与人生向上，则合作习惯及关于合作的各种美德，就可涵摄成了。

农民精神的陶冶是合作运动第一步工夫，这是有事实可以参证的。第一可以拿江西的合作运动作参证：江西的合作运动可算得中国合作运动中最活跃的一枝生力军。据主持人说，江西农村合作委员会所训练的指导人员分发到各县去，都以办教育为入手基本工作。第二个可作参证的那便是丹麦的民众教育了。丹麦的民众教育，推进了丹麦的合作运动，复兴了丹麦民族；这是研究合作者所共晓交赞的。据丹麦爱斯可夫民众高等学校教授农学家安得生及教育家裴斯勒夫两氏宣称：丹麦制酪合作社的主席，有百分之五十四系出身于民众高等学校，百分之二十三系出身于农业学校，百分之二系出身于牛乳制造学校。这可以看出丹麦民众教育对于合作事业有多大的关系。丹麦的高等民众学校是以历史诗歌为其主要科目，与邹平乡学村学之注重精神陶炼，是同其意义与目的的。

由此看来，乡村学岂不是天然的为合作事业造成最基本最稳固的一种基础么？岂不是合作运动最有力的发动机么？

合作理论以季特教授的理论最为研究合作者所崇奉，季特理论的中心便是连锁论；——这是一般称为合作哲学的。季特教授对于连锁所下的定义是："每当一个人、一个国家苦于一害或获得一幸，同时又能及于第二者；而第二者对此又实毫未参与活动之时，中间就有一种连锁"。可惜世界上所遇到的多半是不幸的勾联！而合作者努力实现的，则是幸运的连锁。我们合作者便是从经济关系上，以具体的方法实现幸运的连锁的。如某一个社会已经尽量的注意这连锁的关系，社会中各个份子都自觉的互相保持连锁关系——避免不幸的连锁，发展可庆的连锁，这个社会实际已弥满了合作的空气，包摄了合作的要求；那从其中举办经济连锁的合作事业，自然如磁石之引铁，不拍即合了。

乡村学所教导勖勉于学众者，亦可说即是这种连锁关系。乡学村学须知中谆谆诏诰于学众者是："我们先要知道村学是个团体，乡学是个更大的团体，自己是团体中的一个人；邻里乡党本来相依，古人所说的'出入相友，守望相助，疾病相扶持'便是"。又说"……一家兄弟同居，弟弟要强，哥哥不正经干是不行的；夫妇两过日子，这个好好的过，那个不好好的过是不行的。阖村的人大家不齐心，没有能办好的事。不但一人不好连累一家，一家不好连累一村；并且村里情形不好，影响一家，家里情形不好，影响到一个人自身。要一身好，还须要一家好；要一家好，还须要一村好才行。因此我们阖村的人要联结起来，共谋一切改良的事，大家振作，合力整顿。"

于此可见乡村学于培养启发合作之精神的条件，为最适宜最有效的组织了。

以上是就施教意义上说明乡村学天然是合作运动的发动机关。现在再就制度上检讨，就发见乡村学是合作事业最适当的推进机关。

中国的合作运动，应当采取指导制度，是有眼光有见识的人统统承认了的。所谓指导制度，是有一定的机关，以一定的计划、一定的步骤，由上而下，步步推进；这是施之于任何事业都会有效的。在凡百事业落后的中国应当采行的。但指导制度的建立，却是一件难事，如：

一、限于人力财力不能普设机关深入乡村。

二、指导机关难于同农民打成一片。

三、指导机关既有责成，不免急切从事；指导下之合作事业，只有数量的发展，而乏实质的成效。

拿乡村学的组织来对比一下，便可发现乡村学建立了指导制度，而无任何阻碍或困难——

一、乡村学是普设于乡村的。

二、乡村学是民众自己的组织，学董学长，都是乡村中原来的自然领袖，而以辅导员或教员居中推动辅导。

三、乡村学并不是指导合作的专设机关，可随时体察环境需要，领导合作组织；在时机未至的时候，则教学众以合作知识及各种基本训练。

乡村学所具备的条件，仿佛普通乡村小学也是具备的；但是不同，因为：

一、普通乡村小学之上，除去中学大学可为毕业升学的机关外，别无供给知识解决问题的"后方"。即普通乡村小学仅是单一的、平面的组织，而乡村学则有其立体的组织。村学之上为乡学，乡学之上为县学；目前县学未设，但是研究院及附设之农场为乡村学之上层组织。凡村学所不能解决的问题，可以请教乡学，乡学不能解决之问题，可以请教县学以至于研究院。不但属于知识方面的问题及技术可请教"后方"，即实物方面种子用具，亦可请后方为之供给或物色。

二、普通乡村学只是教员与儿童的组织，而乡村学则是一乡一村男女老幼共同的组织。普通小学施教的主要对象是儿童，乡村学则并及青年农民。普通小学虽亦可用社会教育的方式推及校外，但只能有言语口舌宣传的力量，而没有组织运用的方便。普通小学虽然也可以发动组织，但组织与学校仍是站在不同的两方面；而乡村学则是民众组织的本体，对于民众的一切活动，都是校内应有的经常活动。

一般民众教育馆、农民教育馆，通常多以合作指导为重要工作；在组织及设置上说，这自然是比较适合的机关。但同样也有不及乡村学之处：第一是不能普遍设立；第二是不能纳民众于组织之中，——农教馆或民教馆与民众的关系，无论若何密切，其关系总是相对的，其自身是主动的而民众的是被动的。而在乡村学则是学长学众共同处理自己的事。

以上是就乡村学之组织制度上说，他很适合于合作事业之推进。现在再进一步就乡村学活动内容上说。这又可分成两方面：第一是一般的活动之适合于合作运动之要求者，第二是已在进行中的合作工作。

指导合作的机关，很重要的工作是训练合作社的社员与职员；——合作社的本身原来应该具有经济及教育（训练）两种活动。但教育活动是比较困难的；即在欧美一般民众知识程度较高的国家，教育的活动亦均由合作联合会计划主持，而最下一层的地方社不能单独去作。中国乡村合作社的教育工作，是更需要指导机关来主持。指导机关所用的训练方式，是利用农暇举办合作讲习会。不过讲习会力量所能及的，目前还只是职员的训练，社员的训练还不能达到。训练内容除去处理业务的知识技能外，尤多注重精神的陶冶。这种训练是极重要的；华洋义赈会指导下的河北合作事业的成功，即得力于此种训练。在乡村学中，这种训练工作是平日的经常工作；学长学董平素交相勉励以及其所教于学众者，几无一不是合作社职员训练，及社员训练所希冀之条件。就乡学村学须知看，学众须知共十四条：第一是要知道以团体为重，第二是开会必到，第三是有何意见即对众说出，第四是要尊重多数，第五是更须顾全少数，第六是要知道应为团体服务，第七是好人勇于负责，第八是遵规约守秩序；第十二是要知道信任理事，第十三是要知道爱惜理事。学长须知共六条：第一是要知自爱自重，第二是要抚爱后生调和大众；第五是要监督理事而调护之。学董须知共十二条：第二是注意开会用心讨论，第三是凡经决议即倡导实行，第五是协助理事办事，第六是遇事公开讨论以求多得了解与赞助，第七是希望大众监督公事；第十二是要与其他学董和衷共济。这许多条件，是乡村学学长学董学众平日相勉遵守，而教员辅导员时时注意而勖勉辅导促进之者；如以之于合作社，视为监事理事须知、社员须知可，视为合作社成功秘诀亦可。这样乡学村学何异随时随地为合作社预先训练下良好的社员与职员！

邹平自卫的组织，在作者看来，实无异一种合作社，或者径说是利用合作社。由一般联庄会的会员在共同组织下，使用枪械，防卫地方，同利用合作社设置消毒驱虫器具，扑减病虫害，有什么分别？乡学所领导的联庄会，已经有了很多的成绩；每月并有一次乡射典礼，集合点名射击聚餐，大家很认真。这许多联庄会员都是壮丁，平素既有了这种集团的训练，移转目的举办合作事业，那只是将自卫改成经济合作，真是天然的现成基础。化兵为工已是建设上的一个既成的主张。使联庄会员在合作方式之下凿井开河使用械器，其势更顺。——这又是乡村学为合作造成的基础。不过普通的士兵有充分的时间可用，而联庄会员，乃是有业的农民；但是工兵是代人作事，而此则是为自己生产，并非防害农事。

以上都是就乡村学一般的活动之适合于合作运动之要求者说；再看乡村学在进行中的合作工作：

乡村学的前身是乡农学校，在"乡农学校的办法及其意义"中说道："我们办乡农学校的第一个用意，就是使乡村领袖与民众因此有聚合的机会。在平常的时候，没有聚合的机会，有什么困难的问题，只是心里苦闷，各自在家里为难叹气。现在聚合了，就可将他们共同困难问题拿出来互相讨论……促他们自觉，必大家合力来解决……假使他们不十分聚合时，我们的教员要设法作吸引的工夫，摄合的工夫，使他们聚合；假使他们聚合而谈不到问题上，则我们要提引问题，促使讨论。假使他们难谈到问题，而想不出解决之道，将付之一叹的时候，我们要指示一条道路，贡献出一个办法，或彼此两相磋商研究出一个办法。……非我们使他们发生公共观念，教他们大家合起来如何解决问题不可。"这许多的指点自然不仅指着经济合作，但是经济合作自然是包含在内。又如指示乡校的功课："……大家都赞同一个办法以后，就可以领导农民实地去做……再如山地可以造林，我们教员要指点出来使他们注意，并且帮助他想办法……然研究商讨的结果，要大家合起来有组织的共同造林共同保护，就可以解决这困难。当这去实行的时候，就是此地乡校的功课。……又如产棉的区域，我们要帮助他们选用好的种子，指导种植方法，然后再指导他们组织运销合作社。这一切都是我们乡校的功课"。在乡学村学须知中亦有同样之指示，这里可以不必引录了。

综合以上所述，可以归纳几句：农民合作精神，乡村学可为之启发振奋；农村合作社的基础，乡村学可为之培植；合作社所需要的知识，乡村学可为之灌输。更总结一句是：乡村学的整个活动是合作事业的原动力。

乡村学在合作运动上所具之种种作用，实其本身自有之妙用；就过去情形看，他实未以合作事业为工作之目标，而为有计划之推进。邹平合作事业，虽已引起社会的注意，并博得若干好评，发生了实际作用；但这实不过乡建运动中之一花一果，虽有救济乡村之实效，与乡建院置重合作之意——建立经济制度，则相去尚远。为适合乡建院置重合作之原意，各乡村学应以显明的意识与确定的计划，明白揭示合作运动以为施教之方针。

于此应当申明的：邹平工作的进行，不主张强作硬干，不假借行政的力量。研究院谆谆指示于乡村学辅导员及教员者："我们成功的秘诀是一个'缓'字"。这好像不容许明白揭示合作运动的干法。可是研究院对于乡村学虽不以成绩相催，但却以活动相期，尤其是对于辅导员及教员，要他们去"寻"机会。在合作运动上也不是生凑活拉的组织合作社，而是注意可以合作的机会。这种机会是很多的，如果工作者已有计划在胸，便能体察环境，寻得到这种机会。有计划的寻机会，才能够活跃；寻着机会，才能够活跃；并且使与这机会有关的民众也活动，也活跃起来：大家共同活动的结果，便是合作的诞生。

就经济建设在乡村建设中之地位，及合作运动与经济建设之关系说，乡村学对于合作事业推进的作用，是无疑的应当扩大；所谓扩大者，系就其原来之作用扩充，就原来工作之外加添若干工作，并不是改变乡村学的工作，变更运用方式。扩大作用的计划约如下述：

（一）于乡村学各种班次中加设合作课程，或于教科书中增加合作教材。教材之编定由县政设计委员会合作委员会，或研究院乡村建设研究部编定纲要，由各乡村学斟酌各乡村情形详筹实施办法。

（二）乡村学各种社会式教育活动，应明确提出合作口号；但在宣传中应置重合作组织及自助互助，勿侈谈合作社经济的利益，尤戒以分配红利为鼓吹张本。

（三）合作社成立之时机已到，应运用各种组织共同推进。如乡村学设有成年部者，即在成年部中倡导解说，俾青年农民成为合作社之中坚；设有妇女班者，原在妇女班中提倡解说，俾农民家庭共同有加入合作社之志愿。

（四）由乡学代办购买及运销业务，稍具成效后即正式成立合作社。

（五）监督合作社之进行。

（六）解决合作社各种问题。

欧洲各国最近的合作运动，有一个新的方法，即设置分社。某地区有设置合作社之必要时，发起人即向附近之合作社接洽，由此先成立之合作社派人前往指导，成立分社；人力财力，均较经济。乡村学不啻为广义的合作社，亦应负此责任；或于各乡学中酌设合作委办会负此责任。

法国的农业新提嘉，为农业团体中最著声誉之组织；此种组织之原始，目的仅为研究并保障同业的利益，但嗣后却兼营购买业务。他能够在农业改良上发生很大的影响，被称为法国新农业的发动机，也完全因为他兼营了购买业务，将新农具新种子化学肥料引进了法国。新提嘉也代办农产运销业务，成绩虽不若购买事业之显著，但对于农产贩卖确予以若干利便。法国的前例是如此。邹平的乡学村学，并不是单纯的学校，他是包含地方领袖、成年农民各种成分在内的；可以视作法国农业新提嘉一类组织。在合作社未成立之前，很可仿效此种办法，如代办运销、购买业务，既可解决乡村买卖的困难，又与农民以合作的实物宣传；迨事业渐大，范围渐广，基础渐稳固，人材渐有训练，再从而正式组织合作社，离乡村学而独立，是最方便不过的方法。

最后，本人拟以下列建议贡献于邹平之合作运动：

（一）摈除分立的组织采取混合的组织——依原有的乡村区划为单位，在同一区域中设置一个合作社兼营各种业务，俾集中人材集中指导，并作政治训练之基点。在某区域中如已有合作社之组织，即由最先成立之合作社兼营其他合作事业。如尚无合作社之组织，则先成立之合作社，不妨先就实际所需经营一种业务（或系信用，或系利用）；但名称除冠以乡村名称以示区别外，不另冠某种合作社（如信用或利用或运销）字样。

（二）置重利用合作——信用购买运销各种合作社，均以货币为活动中心，易引起社员分利观念；利用合作以物为活动中心，完全为互助组织。前者不废除财产私有制；利用合作则将生产工具私有变为社有。前者救济农村之效力虽较为显著；利用合作则除救济农村外，尤可作为建立新经济基础之张本。

乡村学已经为合作事业造下进行的机会，设下了进行的场所，集合了参加的人员；又发动了农民的精神，指示了问题的所在，点明了解决的方法。再充分利用时间上的机会，利用乡村学这个场所，推进组织内的全体学众：在精神发动上，更注重合作的精神、合作的知识；在问题指点上，更注重合作的指示；在解决方法上，更揭出合作事业。那末，乡村学对于合作事业，一定发生出莫与伦比的效果；在乡建运动的使命上也确是它应尽的职能，应取的路向。

邹平学制与合作运动

秦亦文

邹平的合作事业，自今年七月合作事业指导委员会成立，即以合作事业指导委员会为最高指导机关。但在乡村中负实施推进之责的，则为"乡学"与"村学"。"乡学""村学"是山东乡村建设研究院县政建设实验区邹平县特有之组织；它一方面是县政府以下的下级行政机关，一面又是"居于推进社会之最前线，而实施其推进社会工作"的社会改进机关。就它的性质而论，实在不能说它是单纯的教育机关，而在现行学制系统中，也没有它的地位。如姑且对此种制度加以名称为"学制"，则邹平学制是县有县学，乡有乡学，村有村学。目前县学未设，这里以下要述说的，便是单指乡学与村学。

要说明乡学村学与合作运动的关系，最好是将邹平合作事业推进计划举出而加以指明。但是要说这计划的由来，仍不能不叙述一下邹平合作运动的历史，与乡学村学的组织与运用。邹平的合作运动，始于乡村建设研究院农场之推广棉种，提倡造林，指导养蚕等事。研究院训练部第一届学生于实习工作中下乡办理乡农学校——乡学村学之前身，与农场技术人员分工合作，共同从事于合作事业之推进，然合作指导仍以农场为主。同时邹平县政府原亦有专司合作之行政人员，在二十一年研究院乡村建设研究部结业学员陈以静君接任其事，和研究院农场主任于鲁溪兼任县政府第四科长，院县两方打成一片，工作颇好，但权责亦以此分不清。其后县政府提倡促进合作农仓以第四科主其事，又其后农村金融流通处改组成立，以其农村金融工作实验之目的，从事于信用合作社之倡导扶植，于是又多一合作指导机关。在今年六月底以前，全县合作社共有五种，三百二十九个，计棉花运销合作社一百一十八个，信用合作社二十五个，庄仓合作社一百四十七个，机织合作社四个，蚕业合作社十个，林业合作社二十五个。指导机关则有研究院、农场、县政府第四科、及农村金融流通处。合作事业日渐开展，而指导机关未能统一。二十三年冬研究院及县政府即有集中指导力量，统一指导组织之计划，惟此项指导机关一面须包有研究、实施、指导、监督的功能，一面须其自身运用灵活，并能调整既成事实与各方面的关系；所以在组织上很费斟酌，后来几经筹划，乃决定由院县合组合作事业指导委员会，于今年七月成立。

合作事业指导委员会，为邹平合作事业最高指导机关，前面已经提过。但是在合作事业的农业技术方面，合委会以研究院农场为其后方；在合作金融方面，则以农村金融流通处为它的后方；在合作组织方面，则以乡学村学为它的前方。研究院农场，邹平金融流通处，与乡学村学三方面，合作委员会称之为工作三大基础。合作事业必须与农业推广机关及金融机关取联络，这是必然的，非邹平独有的局面。在邹平合作运动上特有的形式，即在以乡学及村学为运动之前方。

乡学村学之组织及作用，在邹平县县政建设实验区计划中有详明的规定，现在略引几段说明一斑。该计划丙项社会改进机关之设置实验："本实验计划既集中力量于推进社会之工作，则自县政府以次，固悉为社会改进机关。于此，其间以所有改进事项之繁，则不能不分门别类，各置机关，上有统属，下有责成，而有其纵的组织。……其纵的组织之下级机关，即因乙项计划中所划编之乡村若干大小区域而分别设置之。又即以地方社会中人为组织主体，居于推进社会之最前线而实施其推进社会之功，特称为社会改进机关。"又该项计划中列有设立乡学村学办法二十三条，其第一条：

"本实验区为改进社会，促成自治，以教育的设施为中心，于乡设乡学，于村设村学。"第二条："乡学村学以各该区域之全社会民众为对象而施其教育。"第六条："乡学村学之一切设备为地方公有，应开放于一般民众而享用之，……"。第九条："村学受县政府及乡学之指导、辅助，视其力之所及，又事之所宜，进行下列工作：（甲）酌设成人部、妇女部、儿童部等，施以其生活必需之教育；期于本村社会中之各分子皆有参加现社会，并从而改进社会之生产能力。（乙）相机倡导本村所需之社会改良运动（如禁缠足，戒早婚等），举办本村所需要之各项社会建设事业（如合作社等）；期于一村之生活逐渐改善，文化逐渐增高，并以协进大社会之进步。"第十七条："乡学受县政府之指导辅助，视其力之所及，又事之所宜，进行下列工作：（甲）酌设升学预备部，职业训练部等，办理本乡所需要，各村学独立所不能办之教育。（乙）相机倡导本乡所需要之各项社会改良运动，兴办本乡所需要之各项社会建设事业。乡村学的前身是乡农学校，在乡村学校的办法及其意义中，有这样一段话："……乡农学校，即是以此小范围社会而组织成的；同时乡农学校所作的工夫，即以此乡村社会为对象，乡农学校的组成分子，就是此全乡村社会的人。我们的目的，是要化社会为学校，可称之曰'社会学校化'。在此简单组织中，我们已看见此种乡农学校之构成份子，有三种人：一是乡村领袖，二是成年农民，此二种人即此乡村社会的重要成分，故先从他们入手，使他们在此形式下名义下联合起来，造成一种共同向上的关系，因为我们学校的宗旨，是谋个人和社会的向上进步。第三种人就是乡村运动者。如果没有第三种人，就不能发生向上的作用与进步的意义。……"这是说明乡农学校的组织。接着又对此乡农学校的作用加以说明："……在一乡村社会中，他们的乡村领袖不一定常常见面。就是彼与此此与彼的常常见面，也不一定大家聚合。就是聚合，也不定同多数民众一齐聚合。我们办乡农学校的第一个用意，就是使乡村领袖与民众多有聚合的机会。在平常的时候，没有聚合的机会,有甚么困难的问题,只是心里苦闷,各自在家里为难叹气。现在聚合了,就可将他们共同困难问题拿出来互相讨论,相向而叹气。自然就可以促他们认识他们共同的不幸命运,促他们自觉必须大家合作来解决。……假使他们虽谈到问题,而想不出解决之道,将付之一叹的时候,我们要指示出一条道路,贡献一个办法。或彼此两相磋商研究出一个办法。……"在村学乡学须知中,对于乡村学之组织运用还有更详尽明悉的规定,但是不好割裂取引,就上面所引的几段也尽足以明了大概,就是乡学村学的组织分子是包含着全乡村中的男女老少,及乡村运动者;其工作是连合运用学校式教育,一面对社会各个分子施行教育,一面对整个社会倡行各项社会改良运动。

我们如就合作运动加以分析,则合作运动的进行也不外乎连合运用社会式教育及学校式教育,一面对全社会施行宣传倡导,促进合作事业,一面对参加合作事业之各分子施行合作教育;前者系各项推进宣传组织工作,后者系各种合作训练班,讲习会等。就此可以看出村学在运用上有充分的合作运动的机能,而在其组织上则有其他合作促进机关所没有的优点,——这优点容在下面另行分析。

邹平合作运动的历史,及乡学村学之组织、安排、运用既已略如上述,现在再说明乡学村学推进合作事业的进行计划。自今年七月合作事业指导委员会成立,遂就邹平合作事业的历史、现状、邹平社会情形及邹平实验工作中已有之安排与组织,厘定各种进行计划。因为邹平的合作运动是植其基础于乡学村学,所以这些计划的全部,在精神上几无不与乡学村学的制度相连通。列如邹平实验县合作事业计划纲领中目标项下,关于组织者,规定:"村有村社,乡有乡联合会,县有县联合会及县联合作社,与村学乡学县学并立,一为经济组织,一为教育组织,二者互相为用。"如对这项规定加以分析,则有两种意义:第一、合作社是取兼营制度,以村为组织单位,在一村之中只有兼营各种业务的一个合作社(自然这种制度不是一蹴而就的,另有顺序,进之计划详于邹平实验县合作事业计划纲领进程项下之分年计划中）。中国合作事业在业务上究竟应当取兼营的原则，本来是互有利弊尚彼讨论的。但在邹平村有村学为合作事业之指导机关，如取兼营制度，可以得兼营的利益，而其弊害以有切近之指导得以免除。第二，联合会之组织，县联合会以下，是否即直接各个合作，抑需再有中间组织，也是待决的一个问题。华洋义赈救灾总会，以其指导合作事业若干年之经验，主张初步应组织乡区联合会，但是县联合会成立之后，则复取消乡区联合会，而以县联合会直接各个合作社。此种主张亦不能尽有利而无弊，对于业务较繁之合作社，或其弊较多。邹平为县以下两级之实验，则以有乡学之组织从事利弊之调整。又如合作事业计划纲领中进程总述项下，规定：合作社之活动，由经济事业拓进于有关社会改进一般文化事业。合作社之教育，由乡村学之辅导，进而完成合作社自身之教育功能；更进而与乡学村学相互运用发达地方教育。又如实施指导原则中规定："多下教育功夫，少用政治力量，引发乡民之自力"，都是因为有乡学村学的组织，得以资为凭借。至各项计划属于乡学村学之本身者，可以举出两种来：

（一）乡学村学推进合作事业纲领

1. 对于合作教育：

（1）实施民众合作教育；

（2）在合作事业指导委员会（以下简称合委会）指导之下，实施社员训练；

（3）协助合委会实施职员训练。

2. 对于合作社之促成：

（1）提供设置促进意见于合委会；

（2）实施促进上应有之宣传诱导工作；

（3）协助办理组织手续。

3. 对于合作社之业务：

（1）提供业务指导意见于合委会；

（2）受合委会之委托协助合作社业务之经营。

4. 对于合作行政：

（1）受合委会之委托，施行调查；

（2）受合委会之委托施行考核；

（3）受合委会之委托稽核合作社账目；

（4）其他协助事项。

乡学村学推进合作事业，应根据上项纲领，按照地方情形，制定工作计划，并将施行经过，列具工作报告，按期呈报县府。

（二）乡学村学实施合作教育原则及办法。

1. 本县合作教育之实施，除另有规定外，应由乡学村学负其责任。

2. 乡学就原定之学校式及社会式活动上实施合作教育，并辅导该乡内村学及村立学校之合作教育。

3. 村学就原定之学校式及社会式活动上实施合作教育。

4. 乡学村学原有之教育活动，除知能教育外，悉可认为合作精神教育。在本办法实施以后，除加重其原有活动外，更明揭合作教育之目标，增加合作材料及合作组织之引发活动。

5. 乡学村学实施合作教育之对象，为一般民众及社员。

6. 乡学村学合作教育之实施，以合作精神教育合作知识教育为主，并应依合作事业指导委员会之计划，实施技能教育。

7. 乡学村学运用固有组织实施合作教育：

（1）村学于其所设成人部，妇女于其所设高级小学部、职业训练部中增加合作课程，并在精神陶冶及劳作或其他各种机会上实施精神的及实际的合作训练。

乡学于其职业训练部中得依合作事业指导委员会之计划造就乡村合作事业干部人材。

（2）于固有乡村团体（如联庄会）活动中酌加合作讲话并领导合作工作（如造路修桥除虫害救火……）。

8. 乡学村学除照以上规定外，并应利用其他各种机会实施合作教育。

9. 各乡之村立学校，得视同村学，酌就上列之各条原则施行合作教育。

10. 乡学村学实施合作教育，列为成绩考核之一，其考核由合作指导委员会任之，对县政府负其责任。

以上略说邹平学制中乡学村学与合作运动的实际关系，以下要说明这种关系的意义，也就是要说明邹平合作事业的推进工作，对于中国合作运动中的推进方法上，究有若何的贡献。

我们常就中国合作运动的物质加以分析，而得到几个结论，是：

（一）中国合作运动是自上而下的，指导制度的实行是必然的，也是必要的。

（二）指导机关如流于机械的行政形势，必使合作运动陷于流产破灭，而必须具有其充分的教育意义与接近民众的性质。

中国十数年来之合作运动，概可分为两个时期：第一时期自民国八年迄于民国十七年，一般称之为初期运动，从事于鼓吹提倡的，为有志于社会改造的经济者（如薛仙舟先生及他的门人）及社会公益团体（如华洋义赈救灾总会）。这一期的运动，在合作史上的意义是很重大的，但论到成绩，可说是成就甚少。自民国十七年以来，则于事业开展期，就统计上的数字看，无论合作社数，社员人数，逐年以几何级数递增，大有不可限量的情势。而从事于促进倡导的，则为中央政府以及地方政府。综观过去全部历史，所谓中国合作运动，并不是大多数农民自动兴起的一种运动，而是知识分子及政府机关领导的一种运动。这与英法德诸国的合作运动，由工人农人自动兴起，逐渐向政府要求法律上的地位的，完全不同。有人说中国的合作运动，实在并不是一种运动，而是政府加于人民的一种政策。现在不必对于中国的合作事业之为运动为政策加以辩论，但中国的合作事业不克自下而上由农民自动兴起乃是必然的。试一检查中国近数十年来的民族自救运动，不论其为文化的，或为政治的，无不出此形式，固非独合作运动为然。因为近数十年来的中国问题，是西洋文化流入中国之后而来的，中国的社会运动是受着外来的刺激而发生的。即此已限制着中国的社会运动非由接近新潮流之知识分子发动不可，况中国乡村农民浸沉于中国传统的盘旋不进的文化之中，以安分守己、乐天知命为行动上最高之标准，更无由发动而为新社会组织之要求。从事于农民运动的人，常慨叹着乡村破坏日趋紧急，而农民不自觉，经济压迫日趋沉重而不知其所以然，对于有效的自救事业置之漠然而无奔赴参加之意趣。从事运动的人摇旗呐喊，大声疾呼，而农民并不动。若待他自动兴起，殆为绝不可能之事。年来战事频仍，天灾时降，帝国主义之经济侵略日厉，农村之破产亦日甚，合作事业既然是标本兼治的良剂，采取日本印度推进合作事业的原则，建立指导制度，由上而下从事促进，诚为事实所必。

中国合作运动必然的出于自上而下的一种形式是必须的，指导制度之建立又是必需的，然在此情形之下，合作事业的发达不是自然的，其进程上之流弊几随此不自然之形势以俱来；试观中国合作运动之现状，所谓信用合作被人认为合借社，岂不了然。盖介绍一种社会经济组织之新方式于民众本来是极难的事情，若指导机关流于机械性的行政形式，只注意数量发展，则流弊更不堪设想。固有人讥讽信用合作社为合借社，但真能合起来借钱，共同分着使用，还算是好的，有许多合作社直然是少数人假借名义向官府设立之赈济机关骗取低利贷款，独自享用；岂不更使人短气。欲免这些弊病，非使指导机关教育化不可。盖合作事业以人民自主自营为原则，今人民既无需要之实感，非多下教育工夫，唤醒人民的认识不可。合作事业亦商业组织之一种，必须以近代商业之原则经营之，中国农民对于近代商业之知识尽皆茫然，今以政治力量向前推进，事业开展异常迅速，若无教育作用从事于业务经营之训练，则组织必成躯壳。中国合作运动以农民为对象，农民保守成性出于天然，于中国农民为尤甚，农民之谨愿者，对于新兴事业向来不敢尝试，对于政府提倡之事业，以历受军阀政府之剥削与欺骗，尤为裹足不前，今政府以种种利益条件从事提倡，则狡黠者即攫为获利之工具，而以忠实农民为其傀儡，如无教育工夫促醒民众，对此新兴事业一致参加，则操把持之弊殆无可逃。合作促进既与教育事业有不可须臾离之关系，则指导机关如不教育化，前途可必其无成。

指导机关教育化尚不是一件难事，指导机关民众化则诚属困难。现在的民众教育机关，如民众教育馆，农民教育馆等，从事于合作事业推进，诚较一般政府的合作指导机关接近民众；但无论如何接近，总还是接近而已。机关是机关，民众还是民众，民众在机关组织之外，而不能包容于机关组织之内，两相对立之形式终不能免。

现在我们回过头来看看乡学村学：

（一）乡学村学是普设于乡村的。

（二）乡学村学是民众自己的组织。

（三）乡学村学是连合运用学校式教育，社会式教育的机关。

（四）乡学村学除去乡村民众，乡村领袖两种组成分子外，还有从事于乡村运动的新分子在内，可以发动各种运动。

（五）乡学村学为一种立体的组织，村学之上为乡学，乡学之上为县学（目前县学未设，研究院可以代替其作用），凡村学所不能解决的问题，可以请教乡学，乡学所不解决的问题，可以请教县学，而各以其上级组织为活动之后方，不但属知识技术的问题可以请教后方，即实物方面的种籽、用具，亦可请后方为之供给物色。

以具有上列各种特点的一种机关，担任合作事业的推进，在中国合作运动的物质上，以我们的分析，是认为较为适当的。但所要申明的是作者为参加邹平合作事业推进工作的一员，主观的成分当然是不能免的。然而邹平实验工作的意义不止为一地区之建设事业；就中国合作运动来看，在推进的方法上更需要彼此交换，彼此批评，故乘教育与民众月刊"民众教育与合作事业"特辑征文之便，以个人之见解论述邹平合作运动与乡学村学之关系就正于国人。邹平的工作在某种意义上也可以被认为民教工作，作者以此文塞责，想不为编者所摈弃矣？

关于农村合作的几个问题

陈隽人

今天我想给诸位讨论合作方面的三个问题：（一）中国合作运动的需要；（二）运销合作特点和组织方法；（三）中国合作运动的现象和我个人的意见。

现在我们先讨论第一个问题。我们在报纸上常常见着中国农业生产衰落，农村经济破产，影响到农民的生活太穷。穷的原因，兄弟以为不是高利贷，也不是苛捐杂税，另外有三大原因：（一）与欧美通商以来，洋货推销，影响到农村的家庭手工业，家庭手工业凋敝，农村经济方面受重大的打击；（二）治安问题，中国近年各处的兵灾土匪太多，另外中国的天宫也常与老百姓过不去，时有水灾旱灾的发生；（三）社会风俗的变化，即由提倡新文化，影响到内部农村生活程度的提高。我以为这几个原因，比高利贷、苛捐杂税来得更厉害，农民真有些受不住了！农村是农民组织起来的，当然免不了摧残崩溃，农村的崩溃，影响到农村内部的金融问题。因为农村太不安靖，天灾人祸的层出不穷，于是有钱的人都把钱用在都市里去；因为都市比较安全，都市可以投资，于是内地的钱都流入了都市。同时农村所用的东西，从前家庭手工业发达，有许多都能自给；现在手工业被摧残没落，非向都市去买不可；买东西就要钱，所以都市的钱一天一天的增加，农村金融也就一天一天的枯涸。这用什么可以证明呢？兄弟今天用几个银行统计的数目字来证明。兄弟是服务银行界的人，可以说天天在银行当练习生；关于银行方面的事，此较诸位熟悉，所以根据我知道的转告诸位。

银行的业务，一面存款，一面放出去。如果只是存而不放，留在库里白存，这个银行一天也不能维持；所以非放出去不可。银行如果收款和放款平衡，这银行很可以维持下去。如果放款多收款少，银行便是空虚的；收款多，放款少，那就要白赔利钱。近来农村的钱都流入了都市，以致银行的现金充斥，无法放出去。据敝行（中国银行）的报告：民国二十一年全国一四五家银行，总存款为二、一八三、七五九、八五七元，总放款为一、九四六、八六四、一三七元；故民国二十一年总放款率仅总存款率百分之八十九，还有百分之十一是存在库里没有放出去的。又据中央银行的报告：二十二年全国八七家银行的总存款为二、〇三一、〇一四、六二六元，总放款为一、三八五、五三七、八五二元；存款的数目更大，而放款仅占存款百分之六十八，还有百分之三十二的现金存在库里。这一些钱大多数是从农村来的；所以使农村金融发生了严重的问题。

去年发生的美国购买白银，使中国都市的金融紧张，农村也更受影响。美国的购买白银，不是经济的作用，完全是政治的作用。因为罗斯福他能在选举中胜过共和党人而作总统，完全得力于金融界，尤其是存白银的矿主。——他们的帮助罗斯福作总统，是有交互条件的，所以罗斯福上台以后，放弃金本位制，购买白银，将金子存在库里，实行银本位制。同时欧洲各国都疯狂似的备战，最要紧的是经济问题，也就是金子最重要。所以美国的提高银价，收买白银，另一原因是准备应付国际战争，还是政治的关系。

中国是用银的国家，中国还没有辅币，完全用白银；万一有个国家收买白银，对我们中国有莫大的影响。诸位很明白，在山东常见的老头票，就是日本的辅币，收来也没有什么用，只有按国际汇兑的行市变钱，没有旁的用处；中国的白银到外国人的手里，就可以镕化运往外国去；因此美国收买白银，有许多的人借这个机会讨好处。同时中国在国际贸易上进口的货多，出口的货少，进出口差额，一天大似一天，这种差额不能有货物去抵制，当然用现金去补偿。因此，中国的白银，不断的向外流出，使都市的金融也发生恐慌。

根据解决中国金融问题的办法，兄弟以为应该倒置过来，让都市的钱回到农村去。要使农村健全，中国才有办法。因为中国的经济基础是建筑在农村上面的；农村健全以后，才能改良技术、增加生产，然后才能抵制外洋势力。中国的农村，因为天灾人祸的层出不穷，已经濒于绝境，非有很大的经济力量来帮助它不可；犹如得了重病的人，非请高明大夫慢慢的培养起来、保护起来，绝难复苏的。所以中国此刻的金融界应该做救济农村的工作。可是中国农民向来没有组织，救济也无从着手；零碎的救济工作，也没有用处。我以为现在最需要而最能走得通的，只有合作组织。关于合作的特点，诸位有一个长时间的研究，也许比兄弟更明了。现在我简单的说一说合作组织的原则。我以为：（一）合作社是农民自己信用的结合，以取得经济上的实际帮助。一个农民要是单独的个人借款，因为信用程度很低，很不容易，要是组织起来去向外界借款，那就比较容易了。（二）合作社是人的结合，不是势力的结合。所谓势力有两个方面：一是资本的势力；一是智能的势力，合作都能超出这两种势力以外。（三）合作社是民治的基础。因为它权利和义务，都能达到真正的平等；不像普通公司的权利，是拿大洋钱来决定。（四）合作的目的不是为个人的，而是为大众的；所以普通公司是以赚钱为目的，合作社是以为大众谋利益为目的。兄弟在四五年之前，就感觉到这个问题。我以为银行绝对的要向农村有投资才合适，事实上银行与农村有很密切的关系；银行放款给工厂商店作土产抵押，土产是与农村有关系的。银行不救济农村，农村没有办法；农村太穷乏，银行的款无处放。唯一的办法，只有银行和农村互相调剂；——医病要医根，这是我四五年前的见解；当时和中国银行总经理张公权先生谈及，他也很同意。可是现在真的实现了；也可以说是自然的趋势。

第二个要向诸位讨论的，就是运销合作的问题。运销合作我以为是农村合作的一个基础；兄弟个人对运销合作稍有研究，来对诸位贡献几点意见。平常农产品的价格，操在当地小贩的手里，农民是没有办法的。因为他们为了生活上的需要，不能不卖出他的生产品，买入生活上的其他必需品。但他们不能直接到一个大的市场去完成交易的工作，因此非受压迫和剥削不可。运销合作社的组织，就可减去这个痛苦，现在分几点来说：（一）运销合作能改良技术，增加生产。（二）改善运销设备，减少费用。如棉花运销要有轧花的设备、打包的设备，轧花要有轧花机、打包要有打包机；这些设备如果合起做，可以减少费用，增加工作效率。（三）生产品大批的出卖，且依品质分等级，对外容易出售；同时可以稳定价格，不特不使价格低落，并且可以得到高价。（四）在现社会里生产者与消费者不能直接交易其产品，必经中间商人之手，受其剥削；如果在生产者有了运销合作组织，在消费者也可组织消费合作社，双方可以直接交易而得免去中间人剥削。但是运销合作组织，在开始时限于事实上的需要，必须金融界予以接济帮助，才有开展的可能；同时在金融界对于生产者之救济，在生产者必须要有组织，方可贷款。所以我常以三角图来表示合作社的真义；图式如下：

三者利用合作方式，联络起来，相互为用。组织运销合作社应该要注意两点：（一）运销合作与信用合作不同。信用合作单位要小才好。因为这样，社员与社员之间，彼此才能互相了解；运销合作的外围,则以比较大为好。(二)运销合作总社应该在一个适中的地方。如邹中的棉花运销合作社的总社在孙家镇,这是什么原因呢?第一是他的交通便利,棉花由小清河运到黄台桥,就可运到济南或其他地方去卖;第二因为孙家镇是邹平产棉区域的中心点。——办一个运销合作总社为一二分社方便,其他都不方便,这个合作社是不会办好的。至于运销其他农产品,不像运销棉花;棉花单位愈大愈好,因为一千万斤棉花需要打包轧花的设备,两千或五千还是一样的需要设备,所以经营的单位越大越好。但外围过大,如联络各县的组织地点发生问题,也不很好。

运销合作社的上层组织:有的是联合式的,如邹平的联合会底下有许多分社,每个分社是一个单位;如果一个分社不满意联合会而退出时,这个分社还是能够独立存在的。还有一种是中央集权的,他里边只有一个主体,一个社员便是一个组织单位,聘请经理管理社务,他是一个大的群体;一个社员退出合作社,就没有办法。邹平现在是联合式的;本来联合式的做事慢,中央集权式的做事快。最重要的如行市的问题与价格的决定:联合式的会员有干预之权;中央集权式的经理在不损害会员利益的原则下,可以自由决定。——这个在中国此刻没有,而且也不是很好方式。我们应该采取联合式的。

现在附带说一说运销合作的组织办法要点:(一)合作社总社本身不能收买分社棉花,只能为分社找主顾,负代卖的责任;收买要有很大的资本,并且很有危险性,这在合作组织中是不相宜的。(二)要有仓库设置,如果市价不好时,可以将货物暂时存放在仓库里待售。(三)对于社员产品,要精分等级,按等级合在一起,采用混合贩卖法。(四)运销的设备,在冬天可以作旁的利用;如邹平轧花机的原动力,可以代磨面粉或推动其他的机器。(五)运销合作社在理论上说,不能贷款;可是在中国目前事实上不能带有信用合作的性质,这一点留在后面讨论。(六)信用合作社不能办理运销。(七)运销合作社所设置的仓库房屋及其堆货,都要保险，以免发生不幸，使社员遭受意外的损失；如不保险，这种损失是没法补救的。（八）合作社的理事或经理及管理出卖物品的人，需要谨慎选任。（九）运销合作社应有资金负债表。换句话说，资金的流通应有细账；否则，就看不出合作社的有无进展。（十）有了账必定要查账，收支才有比较，才看得出合作社的进步程度。这一点就是银行对农村的放款，也没有作到；如中国银行对邹平齐东等地放款，过去也没有实行查账。今年一定要做查账的工作。外国的合作专家，如印度的合作局长斯得兰氏，他一开口就是合作社要有账；这自然是他不明白中国的情形。我曾向他谈过：要中国农民记账，不是一件容易的事；因为大多数人都不识字。不过这是应该作的。我以为这仅是时间问题，第一步让农村组织往前走，以后再慢慢的做工夫。还有一点，就是行市消息的灵通；这不是合作社能作到的，最好是商业机关，或棉业公会常常通知消息。如邹平现在是我们用长途电话通知，齐东是中棉公司用长途电话通知，行情自然比较的熟悉；必须这样，运销合作社才有办法。

还要讨论的，就是金融问题。运销合作社的房屋仓库，以及棉花的打包机轧花机和运输工具，都是不动资金；其次还要流动资金。大概不能不向银行借款。向银行借款，恐怕要以地产作抵押，因为地产终归有人要的。还有一个办法，是拿分社的股款作抵押，或是实行保证责任，也可以拿仓库的东西向银行抵押。可是在中国分社股本有限，有时甚至没有股本，保证责任也不易办，而农产品在仓库里已经到卖的时候了。所以最好是分批借款，分批偿还。如邹平在收棉的时候借款，卖的时候就还了。运销合作社不如信用合作可以收社员的存款。不过办运销一定要有充分的股本，至少要够开办的费用；这和中国的情形不同——中国的农民很穷苦，不容易办到。比如邹平最初还是研究院方面出款来办。如果处处根据学理，那中国的事就不能办了。所以我们也不要拘泥于学理，应该随环境而转移；等到一年一年的红利增加，股本充足，再谋大的发展。至于放款，只能打六扣；换句话说，一百元出品，只能拿六十元,最高可以到七十元。可是中国有些地方高到百分之九十的,这很不合法;因为行市的涨落不定,是很危险的。

至于银行方面呢?就我们银行的本身来说,中国地方很大,我们不能每一个分社或一个社员,都能认识清楚;我们只要认识联合会的主体或合作社的理事就行了。如果联合会的主体很好,我的放款就交给他,任他去支配。不过我们要注意两件事:(一)借款的用途;(二)经营业务者,对于这种事情明白不明白。同时我们也得有指导员;没有指导员,我们就无从知道合作的组织健全不健全。我们的指导员也有两个标准:(一)要有合作的基础知识的;(二)对于买卖要了解。

现在与诸位讨论第三个问题,中国合作运动的现况和我的意见:(一)中国的合作社近来真是风起云涌!中国人做事,不做就不做,一做便如疫病似的普遍的流行起来。我认为合作社的组织,在中国发展得太快!现在就竞争起来,不管需要不需要。这并不是说诸位乡村工作者是这样,我们银行界却是这样。银行最初并不知道合作是什么,只是人家放款、他也放款,人家组织合作社、他也组织合作社;结果拿合作社摆架子。一村之中,甲银行来一个合作社,乙银行来一个,并且政府、社会团体、慈善团体、学术机关,各有各指导的合作社;因而使农民有跨社的行为,一个农民可以作两三个合作社社员,影响合作社本身的健全,这是不好的现象。大家既不知道什么是合作社,那他根本不是为了救济农村而来组织合作社,完全是为了自身的利益而来组织合作社;因此进展太快,没有认清目标,不为农民打算,而为自己打算,其结果是很危险的。(二)合作社业务太多,如信用合作社里有消费合作社,也有运销合作社,工作大多界限不清,结果一件也作不好;负指导合作的人应该注意界限分明。(三)合作社的办理,对于金融方面的力量很不够,他们的股本太少,不能使社务有更大的发展。(四)合作社少有写账簿,也没有作过查账这回事,合作社有无进步,无从表现。

上面几点，是普通的现象。其次运销合作的组织，并不很合原则。运销合作的借款，对学理上也不合；本来运销合作是要生产品达到运销的时候，才能借款，可是现在的棉花运销合作社刚下种的时候借款，封苗的时候也要借款，邹平是封苗和收棉的时候借款，卖棉还款，还比较合理。齐东在下种之前就借给肥料费，封苗的时候又借一部分款子；和运销的意义完全没有关系。我以为将来应该规定，只有联合会可以办运销；分社只能组织信用合作。下种之前的肥料放款，每亩二元，算是属于信用放款；联合会才真正是运销的。可是中国农民真正需款的时候，并不在生产达到运销的时候。如棉农到收棉的时候，并不需要借款；所以应随环境而变迁，不拘泥于理论，做刻板式的文章。

还有一点：负合作指导责任的人，不要忘记了自己的立场，要知道自己是一个指导员，不是一个社员；不要拿自己的意志去推动合作事业，要使合作社的社员得能够自动；不要自己去做，让合作社社员多有作事机会。现在合作社弄得不好，就是指导员根据自己的意思去工作，忘了自己的立场。

谈办合作社问题

任子正

中国是个农业国家，没有人会否认这事实的；我们要办合作社，一定是农村合作或农业合作，所以加入这组织的便是一般农民，这是和西洋工业国家根本不相同的地方。合作的对象既是农民，则其组织及办法须处处从农民方面着想，必合乎民情，才能深入民间，打成一气。

农民在习惯方面，是因循颟顸，不愿多管闲事；行动随便，作事不拘形式，不讲手续：有事大家凑到一块，说说笑笑，七手八足，一阵无秩序的乱，——他们就高兴这样作。你要叫他们按照什么仪式，讨论什么议案，或是很郑重庄严的说上一篇漂亮的演词，这在他们是食而不知其味，不耐烦这些麻烦，而且觉得不是他们应当作的事。他们的日常生活是自由惯了的，仪式对他们是手铐脚镣。

在知识方面，一村之中，识字者寥若晨星；他们不懂得法令和条例，更不会了解什么废除利润、消弭阶级的合作理论。一本合作章程动辄数十条，文字之深奥、蕴意之渊博，不用说知识简陋，大字不识的农民，便是一个中学毕业生也不一定能够讲解得明白透彻。至于高深的理论，最好是在学校里的课堂上讲，那对农民是没一点用处的。在乡村里，一提到公共的事，顶不好办；热心公益，肯为大众服务的人，千百中也难碰到一个。他们的眼光小、脑筋简单，凡事须直截了当，一针见血；若曲折多，去实际生活太远，不但视之漠然，抑且不敢轻易置信。他们是最好贪小利占小便宜的人，没有利的事，傻子才去干。

组织合作社除经济目的之外，尤贵在训练农民使其自身能运用而了解之。而训练农民须因地、因事、因人而制宜，完全是客观的事实问题，成文法典很难用得其当。使中国的老农穿上一身西装，终是不甚合适的。若按照现在一般农民散懒、愚昧之情况而论，其去现代式之合作组织，殆不可以道里计；盖非经长期之演变，由简入繁、导浅及深，从细小渐作到博大不可也。初经倡办，最好因陋就简，从易处下手；不然，合作和农民两下里便没有接上头的一天。农业上之种种经营，几无处不能应用合作之组织。在理论及原则上讲，是没有讲不通的，在外国亦多有实行或正在进行中者；然在中国现在的事实上，这都近似些幻想。我们一到农村看看我们那些林林总总的农民，方知满地荆棘，障碍重重，事之举办，实戛乎其难矣！农村里的事情，就需要你一星一滴，因火吹火的去努力；原不是大刀阔斧，一举手而得的。尤其是合作的事情，它与习俗、民情、社会教育，都是息息相关，不是强迫捏造可以成功的。

在此情形之下，就民间旧有类似合作之组织，努力发展之，实为倡办合作之捷径。旧的组织因地习俗之不同，名称既异，类别亦多；但其性质则完全是因事实之需要，谋共同生活相互间之便利，彼此互助的自然结合。如钱会、储蓄社、馍馍会，即具信用合作之雏形；牲畜、农具等，多有数家合购者，便是简单的利用合作；他如义会社仓等，亦可因此而举办仓库合作社。其组织虽不免简陋，意义亦甚狭隘；然其发生则纯由于农民本身之自动，是自觉的有意识的自然组织，而非假借外力，强为撮合，其生机固未泯灭。俗语有云："教的曲儿唱不得"，吾人亟应引以为戒。苟因此具有历史性质之旧组织，借以发挥现代式之合作原理，必易引起农民之兴味，他们觉得合作社不是什么远在天空的新奇东西，原来与钱会、储蓄社，或是合伙买牛驴等事情差不多，这使他们很容易明白。他们明白了以后，才能接受合作的办法。你要到乡间去马上给农民讲你那一套书本子上的理论，什么解决民生问题呀，流通农村金融呀，你尽管嚷得嗓子破，他们也听不进耳朵里去。"啥是民生呀，合作社呀，又下来公事要钱吗？"——他们会这样害怕起来的。这不是农民的太愚蠢，实在他们都已成了惊弓之鸟，听见新事便头痛。不过我们对于这些旧的合作组织，并不是像恢复固有文明似的去恢复，而是要加以改造，使之进于完善。它的缺点很多，有的太随便，谈不到有组织，有的是暂时的办法，又有的作用太小等等，凡此均须对症下药，整理而充实之，导之于组织化、科学化。故办合作社固不必按照法令，拘于一定之形式，惟于合作意义，则一定要尽量开发，把它深深地灌输到农民的脑海中，使彼等了然于合作互助之必要，共同行动之利益。此是比较事半功倍的办法，若舍近求远，另起炉灶，其难将倍蓰于此。王宗培先生曾说过这合会的意思，现在一并把它记在这里："方今民不聊生，提倡合作固属重要，改良合会亦为急务。我侪从事合作事业，对于深入人心，具有伟大潜势力的合会制度，似未便不顾不问；必须究其事实，曲加探讨，使同其性质之两种制度，携手合作，而于世界史上，辟一新纪元也"。

要之，办合作社须根据一般农民之习惯与知识。兹再分数端略言之如下：

一、关于组织者　西洋式之合作社组织法，多不合于我国社会民情，这是很显然的事；故在应用的时候，实有大加变通之必要。如执行委员会、监察委员会、社务委员会等，这些名词，恐使农民费好几月功夫，也记不清。在旧有组织中，有所谓会头、会总、会脚等名称，那里有什么委员？现在办合作社，固在求农民之进于组织化与纪律化；但组织纪律云者，完全是事实问题，不一定是名词上的关系。如现省府采委员制，实则仍与旧日之督军制，没有多少差别，便是这个道理。在一村中真能对合作社负责的（指有知识、办事能力，及闲功夫说），至多亦不过找出二三人来，而实际上当开始经营的时候，业务绝不至很复杂，更用不着许多职员。人多了完全是赘瘤。且强之以任务，农民亦将因烦而生厌，不胜其苦。所以组织的名称应求其土著农民化，职员的人数不宜过多。复次，组织的种类也要简单；组织太多，在乡村农民社会中间，多半不发生作用。譬如信用合作社，有执行委员会、监察委员会，又有社务委员会、信用评定委员会……，及事务员若干人；此在权限方面，农民既不易分辨清楚，无法运用；在职责方面，更负不起其应尽的义务：这原是教育的关系，不是可以学得来的。实际有用的只一执行委员会，余多形同虚设，只是觉得他们天旋地转，眼花缭乱而已。监察委员会在理论上讲，职权极关重要，而在现在的乡村里完全用不上。信用评定委员会更没用。村人闾邻毗连，如同一家，日常厮熟，相知至深，那里用着评定？乡村的社会与都市情形根本不是一回事，此不可辨也。我的意思是说：一切组织在将来业务发达、范围扩大、习惯养成、知识进步时，或以事实之需要，或有运用之可能，自可随时随地、因事置人、因人治事，到那时候，期其简陋，将亦不可得。而在初办时，则大不必要，只设一类似执行委员会之组织，连书记司库统附于内已足矣。又开会次数不宜太多，仪式亦不要隆重，彼等自由聚合之机会甚多，都可以当作开会。如正式社员大会定为年举行一次，但通常农暇之时，村人每集于公共场所，习以为惯，什么事情都可趁此商讨了。其余各项会议，均可作是观。

（二）关于手续方面者　此所谓手续，是指各种文书、表册、账簿、章则等而言。合作社所用之书表，种类本极繁杂，如入社须有入社愿书、同意书、许可通知书；出社时又有出社请求书、除名通知书等等。他如社内应用各种表册，如借贷对照、损益计算、资产负责、事业报告、会议纪录，以及各种调查表等；若按照书本所讲，整理而办列之，直可编成一部大法典。这不用说农民程度不够，不能实用，即使能写能算，恐亦不胜其扰；要找这样几位能有闲空来做这件事情的人，真是不大容易的事。而且他们绝想不到成立一合作社，会这样麻烦，一举一动都不能随便自由；这在他们想来完全是一件不必要的苦事。实际上这种种手续，有的固属必要，然大半则没有什么用处。乡村里的事情，农民皆可当面一说，迅速的得到解决。若按照政府的公文办事法去作，根本上不通。中国的农村大半是宗法社会，一村之中，几少异姓（北方情形多如此），与西洋情形或都市居民迥然不同，这一点是应当认识明确的。不过比较重要的手续，如社员入社之保证人及入社须得大多数社员之同意，都直接与组织的健全有关系，当然是不能缺少的。又如办信用合作社之借款事宜，有时手续太多，一层层经过若干次的弯转，才把钱借到手；在他们写字都成问题，觉得如此借款，真不痛快。如为大宗借款亦不枉费此一番周折，若十元八元皆须用这些手续，则彼等宁甘就别处通融，马上可以将钱借到手，虽然利息重一点，也就不大计较了。因为农民的心理就是怕多事，愿意"一针见血，直接了当"。尤其在遇有急需的时候，这种办法，更不能适应其需要，那时非另投门户，受高利贷之盘剥不可了。故重手续，在指导者方面，固以为慎重将事，但却苦了农民；这不只是程度的关系，实亦事实问题有以使然也。我们以为关系重要的事项，如借款合同、应用账簿、组织简章等，无论如何必须具备；他若可有可无，得省略者最好不用。要简单扼要，给予农民一种清楚确切、黑白分明的好印象；切不可论堆，弄成没头没尾，一塌糊涂，使他们望而生厌，说得更恰当些是望而生畏！此外关于章则者，亦应本此原则订定之，一切附带的，空泛的，抽象的条文及字句，均宜简略，最多不过十四五条。因为章则并不是死的，皆可随时增删修改。簿记暂以用旧式记账法而加以改善为妥；复式簿记既与农民习俗不合，且亦不易了解，若干知识分子尚多不知其所以然，何能望之于农民？

（三）关于业务范围者　合作的事业，其范围本极广阔，施之于农村，盖多为乡人闻所未闻，见所未见者；若一古脑儿办起来，足使彼等目迷十色，耳惑五音，应接不暇，顾此失彼。无论什么事情虽庞杂万端，然其发生固皆起于微小处，逐渐扩展，日臻完善，一步步进于妙用之境；绝没有平地一声雷，长出楼厦来的。就拿罗去载尔公平先锋社说，当其初经营时，规模之简陋，业务之单调，作梦也想不到有今日英伦各地消费合作社之林立，批发合作社制造工业之胜况。然其发展过程，则皆历历可数，而为时已百有余年于兹矣。此正如求学，学理浩瀚无穷，绝非小学生辈可得窥其端倪；势必从专攻一科入手，单刀直入，日活月濡，寒窗十年之后，通于一，其他便可左右逢源，一个学者的头衔依会加在你的头上的。故成功之不二法门，即是倾全力，用全付精神去干一件事；若兼筹并顾，多方牵制，虽能支撑一时，结果必将全盘失败无疑。我们根据这个道理，所以主张合作社的业务要从单纯处入手，以求适合民情。我们要认准一条路，照直的走下去，把它作到家，那时一定会有极好的收获。各地情形不同，需要亦异，办合作社时当然也不能一律"照法炮制"；如产棉者就办棉花运销，养蚕者组织蚕业合作，沿河各地一定要先办合作灌田，地方之无特产而金融枯竭者最好就办信用合作社。但无论办那样合作，顶要紧的是照着一种集中精力去下手经营，才容易使农民认识接受。他们的脑子太小了，事情一多，是装不了的。近中多有提倡合作社兼营说者，盖有鉴于国外如日本之例也；殊不知兼营是有时间性的，必要把某一种的合作办好，打下稳固的基础后，才能谈到兼营问题，——这个基础最少也需要七八年的功夫。若一上来就把信用、购买、利用、生产，统行兼办起来，那是一定没有好结果的。在现在的农村里，一切都简单得可怜，一点小事都成大问题，那有房子摆这许多大财神？

（二二，十二，三）

合作社与农村经济

于永滋

中国社会的基础大部分是农村，经济的支柱自仍建筑在农民的身上。自世界不景气，经济恐慌的恶浪突破了中国的藩篱，深入到农村以后，农村破产的声浪，不时冲入我们的耳膜，农村破产的景象，不时映入我们的眼帘；迄至今日，农村的问题更严重化、深刻化，农村破产的程度，几至无产可破，至去年年底为尤烈。河北农村中的居民，在法律上宣布破产的每村都有；少的两三家，多的至二三十家不等。农民在中国人口中，据一般人的估计，约在百分之八十五以上，其余的人，又大都间接靠农业吃饭；今农民既都在受冻挨饿，请问这是何种情景？即今没有国难来袭，我们亦无术应此浩劫；何况内忧外患，直到决定今日中国生死的关头！

世界各国财政的收入，农业（地租）原占很微小的一部。有些国家都把它划为地方收入。但中国怎样？地租收入，几占总收入三分之一。由此看来，中国的政府，也要靠农村支撑门面，倘一旦农村毁灭，政府也必要随着塌台的了！

凡是关心中国前途的，都在注意到中国农村复兴的问题。以前虽然有些人曾受了欧美的影响，发生过重工商轻农业的思想；而现在复兴农村，成了举国上下一致的要求，连素不注意农民痛苦的政府，也要设立什么复兴农村委员会了。此种重大问题，解决的路径，当然不只一条；但政府虽然是设了一个农村复兴委员会，目前它是没办法的。无论做什么事，经济是先决的条件；现时政府财政没办法，复兴农村的问题，是只能想而不去做。也或许政府将来有办法；而今呢，政府是还在促进农村的破产！按理，国家处此绝境危途，政府应该提高关税，严禁外货入境，保护国内农产品的流转销售；然政府为了增加收入不那样办。不惟此也；美麦棉借款，只是替美国资本家当了代理人，把人家的货物运到本国倾销，打倒了本国的农产品生产者——农民。拿棉花来说，去年棉的收成本不好，但价格的暴跌为历年所无有！如此希望政府恢复农村、复兴农村，在目前政府财政下，那是绝望的！

政府既然靠不住，农民除非甘愿困死；不然，必须得另想自助自救的办法。自救的办法原不止一个，合作社便是办法之一。不过我们认为此种办法比较合乎需要，切于实际；拿农民自己的力量来复兴农村，比靠外力较有把握。

一　合作社的种类

合作社的种类很多；其组织，因目的而不同。目前合乎农村需要的：

（1）信用合作社——农村银行。但这并不像大资本家所开的银行，资本要几百万、几千万，营高利贷的勾当，赚得利润和些资本家的股东来分红。信用合作社含有："人人为大众，大众为人人"的意义；其范围限于入社的社员，其手续仿银行，其精神含互相协助的意思。社员有钱的向社存钱，没有钱的可向社中借贷，且可以合作社整个团体信用对外周转，调节流通经济。所入股资很少；会费，在法律规定，以二元起码。全体社员，对外借款是负无限责任。如此，信用合作社资本有限，所负责任是很重大的。什么是无限责任呢？譬如说，合作社借了外边的款，社中一时没法归还，社员就得以他家的财产来抵债；社员的财产，即是合作社的财产。因为有了这样的奥援，所以合作社的信用是很可靠的。当然，初组织起来，因为信用小，是免不了困难的；但一旦信用彰著，人们明白了合作社的用意，以此团体向外周转借款，是很灵活容易的。

华洋义赈会民国十二年初组织信用合作社，在河北借款给农民，当时军阀不明真相，曾起而干涉；因合作社在社会已有了信用，遭干涉亦没碍进行。先前合作社刚成立的时候，由华洋义赈会帮助贷款。后来合作社信用渐著，得到各地银行信任，于是银行常把款项交给华洋义赈会，再由会转贷给各合作社。这时恐是因各银行对合作社信疑参半，直接的放款给他们不放心，才托赈会代办。最近不然了；各银行都自动的向合作社贷款，疑怕的心放下来了。可见合作社一有了信用，想得到资本是很容易的。

中国的现金不是一船一船的被外人运回本国，就是堆积到几个有名的大都市。世界产业革命的结果，机器工业代替了小手工业，当然中国的小手工业者也不能幸免，与别的国一样，遭受同一的命运。但小手工业在中国多是农民的一种副业，因此农民经济竭枯，都市现款囤积。政府地租和苛捐杂税的收入，也要送到都市的银行中去，而银行拥此巨资，又在干那赌博的勾当，买卖政府发的公债券，从中渔利，结果是所有一切负担，仍都转嫁在农民身上。现时的农村几乎陷到无款再可向外流出的绝境。假使有了合作社的组织，现款不致完全流到都市；因合作可以存款，同时还可以吸收都市内的过量现款。前边不是说过：银行是可贷款与合作社的，由此可知信用合作社能使金融周转灵活，减少农村经济枯窘，对于农村不无贡献；且现在各省都在仿行，想使合作社能有利于农村。

（2）运销合作社——现在的农产品已商品化了，所产的东西不是自给，而是大部分的出卖。就以种棉花的农民来说，所收获的棉花，大部或全部要卖出，换成金钱再来买穿的布匹，吃的食品。以前农民终极的目的，是如何能使作物收好、打的多。现在不尽是那样希望了；还要希望一高的农产品价格，甚至只要价格高，少收获也是没关系的。比方一亩地收一百斤棉花，卖一百块钱；有的因价格低，虽收二百斤棉花，只能卖五十元。由此看来，收成的好，还不如价钱好有利。在河北省南部的农产品，再以棉花来说，由出产地到天津，与纺纱厂实际发生了交易关系，当中不知须经过若干小贩之手；而小贩不是白帮忙的，他要养家，要发洋财。大腹便便的商贾，腹中的脂肪都是农民血汗转化成的；他们是取之于农民，夺之于农民的。如棉花，刚拾起带籽棉花在十月许间，是价格最低的时期；但农民急于用款，明知贱，不得不卖。一过年到五六月间，所谓青黄不接时候，价格必定高；但此时棉花已到商人小贩之手，农民明知价格高，而棉花早已卖出，已无可卖。由此说来，运销合作社亦实有组织必要。今年情形特殊，棉该贵的时候没贵；其原因是政府在那里替人倾销美棉。运销合作社内容是这样；只要是本社社员，还是拿棉花来说，如有棉花想卖，可即交合作社代为运销。在棉花价格低的时候，可把棉花存放于合作社，由社中借款一部分给存放棉花之社员，——以六成或七成使其以备不时之需，或用以救急慌。等待棉花，价格高涨，再为售卖。同一时间，产棉之区，把棉运到不产棉的区域销售，亦能得高的市价。据调查所得，一包棉花，由河北深泽运到天津出售比在本地多得纯利益五元至七元之谱。同时若有大量货物可卖高价；在一市场若有全市场货物三分之二的量，即可左右市场的价格。在农村集市上卖粮食的，是一很好的例子；卖少粮食的常听卖多粮食的价。华洋义赈会今去两年，曾经协助所办的合作社运销棉花由深泽等县至平津一带，虽然是环境如此恶劣（美棉倾销）还没有失败，尚有利益可图。如此，运销合作社一组织起来，可免商人阶级从中渔利，货物还可卖到高的价钱。

（3）供给合作社——亦可称为消费合作社；所以不直称为消费合作社的原因，此社一方面固然是供给社员消费，同时还在供给以生产的资本。如肥料、农具、种籽及一切生产原料，假使没有合作社的组织，亦必得经商人、小贩之手，他们你倒给我，我倒给你，同样是不自卖力气的，从中赚取大量的金钱。这对农民自身说来，和向外卖东西恰相反。向外卖的东西，愈倒手的多，货越贱；

可是若要买东西，那就不然了，愈倒的手多，那货就会高贵起来。从天津运日常用品到内地，如洋火，洋油之类，一到消费者的手，不知须在商人、小贩手专倒折几回。所谓奸商，他们不但要抬高市价，还要向货里边放别的东西。以洋油说，他们向里混水那是办得出来的；如此一来，农民买东西，就得出高价，买劣货了。可是卖东西呢？拿的好货，卖贱价，受气的农民，到处受气！如有了供给合作社的组织，就可以不受此鸟气，吃此大亏了。社员应用的物品，我们可直接向出产地去买，且可联合起来大批的去买；——既可买得便宜货，又可得质量好的佳品。如此，对于农民亦不无贡献吧？

（4）联合合作社——其目的是共买、共用。在农民限于经济，有的生产日用器具不能单独购置的。如南方的无锡县，那里农民，差不多都是耕种水稻，灌溉是必需的，尤其在亢旱天气，非灌溉不成；但他们自己用的打水机器都是中国式的，常有溉水不够之虞。虽时兴抽水机；但这一行道，又被商人小贩来操纵、把持，由他们在河里驾着一叶扁舟，装载抽水机，游来荡去，另造成了一种所谓水商阶级。不用说商人的伎俩他都会做；天旱用水多的时候，他会抬高市价——不，水价。往时一般人常说："现在只有空气和水不值钱"，而今水又怎见得不值钱呢？若有了合作社的组织如抽水机之类，一家独自买不起，可以大家合一块去买，用的时候大家分配轮流着来用；水商的作恶，那就无须乎怕他了。

以上所说的，是合作社的种类及其效用；大部分是注重在经济方面。按事实经验来讲；合作社的组织固然是在解决农村经济问题；但其结果，不仅限于经济的范围。有了合作社的组织可以促进农民的团结，使其团体坚固，普通一般人都认为农民散漫、无组织力、自私、没公益心，其实不然。据华洋义赈会这几年来协助农民组织合作社的经验说，农民实因限于经济，且乏人指导，故他们的潜在力没有发挥出来。有些人说，中国农民的特性是贫弱、愚笨、自私；其实还是一个"贫"字作祟，其余的都是跟着"贫"导演出来的。在河北省各县,华洋义赈会协助他们把合作社组织起来以后,他们有的能自动的办学校、讲卫生、练自卫,农民是真的散漫、自私、愚笨吗?这是我们办合作社的意外收获,是副目的;然而这副目的并不比正目的(经济的)见得低下。

此外对于农民输入农业上的新技术,也是非合作社而莫由的。农民做事最稳当不过;就拿改良农作物的种子来说,你虽有真的好种子确对他有益,但让你说的天花乱坠,你凭白无故的让他种,他绝不会听你那一套的。要知你所说的,在农民心目中认为是一种冒险事。可是由合作社来推广,他是可能取得农民信任的。在去年华洋义赈会在南京金陵大学购得脱子棉种子一万多斤,由所组织的合作社推广,农民都很快意去种了,结果还很好。

二 中国合作社的起源

中国合作社的组织在学校方面来说,是以上海复旦大学为最早;由谢某倡起,性质为消费合作社之类。至于农村的合作社,大概以华洋义赈会在河北省组织的合作社为较先;在民国十二年就着手提倡、组织。华洋义赈会,本是一放赈机关,何以去在办合作社呢?民国九年北方各省大灾,华洋义赈会起而放赈,但那几年灾患太多了,今年闹旱灾,明年又要闹水灾,使的华洋义赈会放赈,放不胜放,赈不胜赈。直到十四年,赈款共一千四百多万,如投到水里一般的无踪无影;而灾民仍然是饿的饿死,冻的冻坏。结果华洋义赈会咸认为赈灾不如防灾,于是起而在农村中协助农民组织合作社,使农民自助自救,而来当此大难。这在当时,也不过是华洋义赈会的防灾方法之一。

时至今日,合作运动几成了一种时髦的名词,全国都在风起云涌的提倡、组织:学者们在那里埋头研究;甚至政府也要立法保护;中央且把合作运动列为七大运动之一。其他提倡合作社运动的团体,在河北定县有平民教育促进会,山东邹平有乡村建设研究院，华洋义赈会也在河北、陕西、江西等处帮助农民组织合作社。且有些学校机关也在研究试验，如北平的燕京大学，天津的南开大学经济学院，南京金陵大学等。类似合作社的组织，已如雨后春笋，这确是很好的现象。虽然因此亦不能使那崩溃衰弱的农村立刻复活、苏生，但我想在当前合作运动对于农民才是有相当贡献的！

（杨水亭记）

农业仓库经营论

日本产业组合中央会

一 农业仓库与普通仓库的不同

农业仓库，从其业务的表面上看，和普通的仓库一样，同样的保管他人的物品；而从实质上考察其业务的各方面，都与普通的仓库不同，且有法律的规定，有种种的限制。其不同处，约有下列五点：

（一）关于农业仓库受寄托的限制；

（二）寄托者的限制（即限制寄托者）；

（三）经营主体于法律上的限制；

（四）经营主体经营农业仓库等须行政官厅的认可；

（五）农业仓库的经营非营利的。

何以对于农业仓库设有如此的限制呢？又既在日本法商第三编"商行为编"中，关于仓库营业的规定，和农业仓库有同样的业务，又何必制定农业仓库特别法，承认特别的农业仓库呢？若就这些地方来研究，农业仓库的目的，自然可以明了了。

二 农业仓库的需要

原来仓库的业务于经营单纯的农产物，不是必要的；但至今日，凡是农家的生产物都有经营的必须了。往时自己生产自己消费，所谓自给自足的经济时代，就不必要经营农家生产物的仓库存在。而在今日交换经济时代，生产者以市场为目的而生产，即为市场出卖而生产；凡是生产物，为生产者自己消费而生产的，恐怕是没有了。今日的情形，是生产物离了生产者之手，提供于市场，由市场再分配高品于不生产的一般消费者的状态。这样，生产品离了生产者之手，提供于市场，再分配于消费者，在原则上，是要经过相当的时间和相当的空间，又关联了许多的中间机关，即经由经纪人、行商、变卖商，或小卖商人等之手，于此间市场。此间市场的情形，即学者所谓：

（一）商品物质的移置——a 时间的移转，b 场所的移转；

（二）商品法律的移转；

（三）商品价格的调节。

商品时间的移转，是生产物从生产时期，到其他时期的移转；如谷物夏期七八月间生产，预为来年三四月间，以应需要。亦即先预备市场的需要，保管到需要时期，再行出卖。此即商品时间的移转，以保管的形式表现出来的。又商品场所的移转，是由于生产地方和消费地方的不同，或商品过剩的地方和商品不足的地方的不同，则此项生产品或商品，就从生产地向消费地，或从过剩的甲地向不足的乙地移转。此即商品场所的移转，是以运送的形式表现出来的。

商品法律的移转，是所有权移转的意义。今日的生产，既为市场而生产；因之，其结果，就不能不从生产者生产品的所有权，让渡于消费者为消费者所有权。商品法律的移转，在原则上，以贩卖的形式而表现出来的。最后所谓商品价格的调节，是使商品的价格，不失之过高，不失之过低，以调节生产者和消费者的双方利益。物价腾落的原因，是由于种种共同的需要供给，相互的过与不足，而腾贵，而下落。所以调节物价，必须要随着市场的情形：市场如有供给过多的商品，物价随着下落时，即中止供给；如需要增加，物价有腾贵的倾向时，即增加供给等。要常常予此市场，以需要供给的弹力性，始能期望价格的调节。然而农家生产品，要完全行此等诸机能，则必须有一定仓库，而俟其保管贮藏业务的活动。又农产品比较其他商品不同，从种种点上观察，仓库的需要程度，比其他商品，有显然的著大：

（一）谷物和其他商品，异其生产的时期；如无论何时任意增加谷物生产是不可能的，必须加以春播夏耘的劳力后始得为秋收冬藏。

（二）谷物的需要关系，无论秋收后有如何多量的生产，而不能供给一时多量的需要，通一年间的过与不足；必要有一定的数量。所以秋收后，使生产品应一年间的需要，是必要设置保管贮藏处所。

（三）从谷物的性质上观察，比较其他工业生产品，有腐败性质，因而其保管很要注意，必需有完全的仓库。

因有此等的情形，单以程度论，农业仓库须比从来的一般仓库要完备而且充分。

三 农业仓库的目的

特殊的承认农业仓库制度，实在是由于农业仓库业者和从来的仓库业者，在实行上，异其经济上目的的原因。农业仓库其经济上的目的：

1. 增进占农家大多数的中小农的利益，以图其经济地位的确立。

2. 调节谷物季节的需要，以安定谷价，图一般消费者的利益。

第一的目的在救济农家经济。今日农家经济不振的声调很大，农家经济状态很恶。经济状态恶劣的原因，虽有种种，而不外乎：

甲、经济上的原因；

乙、精神上的原因。

精神上的原因，与本问题无直接关系。经济上的原因，更可分为：

a. 农家收支的不均衡；

b. 农家金融的缺陷。

农家收支的不均衡，更可分为五项：

（一）耕作面积的过小；

（二）收益的分割（小作制度）；

（三）农家在耕作收入以外，别种收入的途径很少；

（四）生产物的交换条件恶劣；

（五）比较工商业者，租税的负担过重。

上列数项中，与本问题有直接关系的，为农业金融的缺陷，和生产物的交换条件恶劣。其他的事项，是要从农村复兴的立场改善救济的；乃是设施各别的政策，次第推行，或急于推行的问题。一起和农业仓库无直接经济的关系，我们可不去说明。关于（四）项及b的问题，分述于后。

在今日以市场为目的的关系上，农家也是一样。自己的必需品，不得不向市场购入；自己的生产品，不得不向市场卖出。可是，在生产物的贩卖上，须要注意，农家比较商人，是处于很不利的地位。即由于：

a. 农家普通是很纯朴的观察市场的景况，如捉得敏活的商机，到底是不及商人；

b. 农家在秋收后的生产时期，即急于出卖，常常供给过剩，价格低落；

c. 既是耕作收入以外，概无别途收入的农家，赖于秋日的收入，以清偿负债，购入必需品，因之动辄于秋收即急卖。

d. 农家因耕地面积过小，生产数量不多，品质既不统一，而又个别贩卖，则在行大量交易的今日，最不利益。

e. 农业生产品，既含腐败的性质多，因之保管贮藏，最应注意，需要一定完备的仓库，然而如今日的农家经济状况，持有独立的仓库，是不可能。

农家在生产物的贩卖上，是比较商人，是处于最不利的地位，而动辄与商人以操纵的机会。自己的生产品，要比较廉价的卖出；自己的必需品，要比较高价的买入的很恶劣的交换条件，是农家经济不振的最大原因。举一件农业生产品交换条件恶劣的事例：在可田博士的农业经济学中援引亚美利加的统计，农产物的生产者对于自给的生产物收到的价格，仅属于消费者对于生产物支付价格的三成五分，乃至四成。即生产者卖出自己生产物时，最初卖渡于经纪人的价格，与消费者最后支付价格的三成五分乃至四成相当。这虽是外国的统计，而其原因在贩卖组织上的中间机关过多无疑。又农业生产物交换条件如何的恶劣，亦可以作为佐证。

在今日，无论经营何种的企业，所谓金融，是绝对的必要；所以，有各种金融机关的存在。今日日本全国的银行、约有二千余处；虽是有如此之多，而决不是农家的金融机关，乃是工商业者的金融机关。即对于农业者贷款，条件严重，是很难活动的金融。又农业企业，很含有投机的性质。不能照计划进行其收获，依此性质，要长期的资金，为长期金融，始能安全而确实。在短期金融的银行，活动于工商业，甚为安全，且利益多；因之，自然于工商业者容易融通资金。总之，此等银行，总是以营利为目的，考虑万一的情形，亦为担保贷款。而大多数的中小农家，其欲贷款之担保品，如不动产，是无论了；即动产也没有适当的。经营农业的动产，要以占有移转为要件作质权的目的物是没有；即以农产物为动产担保亦须有保管场所，如送到银行保管，也要一一的运搬手续等。所以，要于银行担保，以融通资金，事实上是不可能；于是，对于农家很显著的梗塞其金融之途，农家经济状态的恶劣，这也是重大的一个原因。

除去此等障碍以图农家经济的救济，确保农家经济上的地位，是农业仓库唯一的目的。其手段完全为中小农家农产物的贮藏保管，对其保管物发行农业仓库证券，开证券担保金融之途。又行混合保管方法，集合大量牌号品种同一的谷物，行共同贩卖，得大量交易的利益。进而由共同团结的力量，直接与消费者交易，夺取大部分中间机关的利益。凡此等等，正需要农家共同的努力。此为第一的目的。

第二的目的，特别调节农产物米谷季节的需给，以期谷价的安定，图一般消费者的利益。

关于谷价的调节，关系国民的一般利害休戚问题：暴落则生产者农家受打击；反之，暴腾则一般消费者受打击。因此，其间有公平调节的需要；所以，在以营利为目的的中间机关的主我立场，人为的抬高米价，或人为的低下米价，此等不可不绝对的排斥。

前述的物价调节，唯一的方法是在调节需要供给，是无论了。而关于调节米谷的需给，亦大异其趣。先观察最需要的国民的主要食粮品，日本现在平均一人一年的消费量，大体为一石一斗的比率；除了殖民地，日本全国中，一年若必要七千万石上下的米谷，此为大体的需要米谷的定额。对于以上的定额，米谷于国民嗜好执着力，是祖先传来的事，因而不容易变更；所以价格少有暴腾，想以代用食品，限制共需要，殆不可能。于是关于米谷，使调节其需要，就很困难；所以，除了调节其供给以外，别无途径。然而关于供给的调节，米谷与其他商品比较，亦不相同，且伴有相当的困难。其他商品，供给过剩，价格下落，则调节其生产数量，或停止其全然供给。又供给过少，价格腾贵，则无论何时，可以增加生产，即增加供给。至于谷物生产上，则无此弹力性；其供给限于一年一回，无论用如何方法，使增加生产，都不可能。且其生产自体，即含有投机的本质；特意的树立计划，实行生产，也受大自然的影响，不能预期其生产额。要自由增加生产，为不可能，其生产悉依天候的加减，而定岁之丰凶。所以，调节供给，积极活动的余地，亦比较少。

只为得这几点，故使贮藏保管生产的米谷，以调节市场米谷的数量：在秋收后的数量，非常丰富，价格低落时，则于仓库贮藏，以减少市场的数量，而防止价格的暴落；在市场米谷的数量减少，米价有腾贵的倾向时,渐次从仓库运出市场,以防止价格的暴腾。又于丰年贮藏剩余米,以备凶荒,亦为调节供给的一方面。此乃农业仓库的事业第二的目的。

四 农业仓库与联合农业仓库

农业仓库重要的目的之一,即在实行共同贩卖,已如上述。今日的生产,总是以市场为目的而生产,若仅完成其生产物的保管而没有妥善的贩卖,亦不能达成其最后的目的。所以,农业仓库单在生产地仓库行保管业务,是不可能;必须进于消费地或集散地贩卖,方有利益。而在今日的农业仓库,于必要时,于大集散地设立支库,或大消费地设立支库,从生产地运送生产物,保管贩卖,固然是必要采取的贩卖方法;可是各农业仓库业者,独立的在各消费地或集散地设立支库,因经济上的不利,一切的进行必感受很大的困难。所以,须使各仓库业者联合为一主体,成立联合农业仓库,于大消费地或大集散地,设立大仓库于其处,从各生产地仓库运送保管谷物,待到贩卖条件优良时,即行贩卖,乃为完善。又如上述,依农业仓库证券担保金融的业务,进而从各农业仓库联合为联合农业仓库发行仓库证券以担保金融,农业仓库业者的信用,更可圆滑的进行,其他如大量交易的实行,先由各农业仓库,从其地方的集中贩卖,再为联合农业仓库联合行大量交易的共同贩卖,则更可得到贩卖上的利益。运用此等联合的方法,以求达成农业仓库的目的。

联合农业仓库的制度,认为有如此的必要;则联合农业仓库的使命,亦无非使各地的农业仓库分散的发达,而充实各农业仓库的诸机能,使完成其目的而已。

五 日本农业仓库事业的概况

关于农业仓库制度,日本现在所行的,有依米谷法的运用设立的国立米谷仓库一种；国家以特别会计，支出二亿七千万元，于米价低廉时，买上保管，米价腾贵时于市场出卖。调节市场米谷的数量，即调节市场米谷的价格。此乃国家的米谷仓库，和农业仓库是同样的事业。

大正六年制定农业仓库业法，承认特别的农业仓库制度，于普通仓库的目的之外，再谋中小农家经济状态的救济，和一般消费者国民利益的保证，迩来日本政府，交付农业仓库建设奖励金，奖励建设农业仓库，得来的结果，逐年增加。昭和四年三月，经营的主体数、产业合作社、农会、市町村，以及公益法人等，共合达二千五百九十三处，仓库达五千零三十九栋，建筑面积占二十万一千一百四十二坪，收容纯米一千五百零八万零七百八十四俵，别若茧二百四十一万三千五百二十八贯，所示的数字。

大正十五年法律改正，承认联合农业仓库制度，到昭和四年三月，认可的联合农业仓库，经营主体数四，仓库数十七，面积一千六百二十九坪，收容纯米十一万三千九百二十俵的状态。

（范云迁译）

邹平实验县令各乡发行仓谷证券之旨趣与办法

严敬齐

邹平实验县令各乡发行仓谷证券之用意有二：（一）以促仓贮之充实；（二）以救农村之穷乏。夫令民积谷，虽为善政；然当此农村困穷之日，征调频烦之时，农民所借以应公私两用之谷，尚尤不足，令又从而夺其一部使之搁置，几何不等于重为之困耶！县府有见及此，故一面使之积仓，一面复使之持有仓证以资应用，此为庶乎可以双方兼顾，而不失之偏。此邹平各乡仓谷证券设计发行之由也。

至发行之法：则以乡为单位，依其所集仓谷之多寡以为发行之标准。由仓谷保管委员会负发行之责，而县政府所设之农村金融流通处代为兑现。其准备金由发行之乡以仓谷为信证，向金融流通处借贷，但不取去而仍存之于流通处。至于发行所得之余利则归之于一乡全体。此实本人民自立自救之旨趣、自助互助之精神而施设，俾其不常仰给予官厅之救济，而图自立也。

今之言救济农村者，每思引都市银行之资金于农村，而都市银行近亦因商务萧条之故，多欲转向农村投资。然一考其贷款之法，仍不脱商业银行之性质，与农村情形殊欠适合，试举其要于下：

1. 还期过短，到期能否延长，亦殊难预定。
2. 都市银根，一旦紧迫，必至有不顾农村情形，而急迫催收之危险。

3. 农产物跌价，农民已不堪其苦，乃持之向银行押借又遭受二四成之低折，是不啻苦上加苦矣；如此，反不如直接售出较为合算。

因上三项情形，可知今日银行投资农村之办法，对于农村殊无甚补益，且其本身又无彻底计划长期贷放之准备，其不可靠，殊在意料之中。况今之较大银行，其本行俱在上海，极易受世界金融变动之影响，亦易起投机各处之侔心。彼之立场本在营利，又何能常顾农村。即外界之风波不来，而当地农产物之受其垄断操纵，恐亦难免。凡此皆农村不敢相倚之因，而倚之者将有陷于忽然乳断，或受其操纵之危险也。

再由农民方面言之，虽曰质实者多，而亦未始无狡诈之人。且对此带有官办性之机关敢于首先尝试，或乐为居中成全者，亦多为此俦。稍或不慎即遭顿挫。故银行欲贷款于农村，必须先多认识农村之人，与有交谊。而欲多认识农村之人，与有交谊，必须先不厌嫌农民之鄙俚质直乐与往来而后可。凡此皆非银行青年行员所易为也。故以银行为主之贷款以不如以地方公益为主之贷款为得策。今银行对农村贷款尚在初试之期，且多假乡村运动者为左右，其流弊似尚未发现。然此以银行为立场，以官厅为护符之贷款，窃恐流弊之生殆亦不远。江苏省农民银行，前期失败，亦似非偶尔特殊之事也。

夫周其缓急，人所易感，由此而与之往来，默施教导，亦实施行社会教育之良机也。余乡有以权子母致富，且为乡人信仰之老者，尝言曰：款贷给谁人，即须代谁人操心，常当留心其行为，勿令走险道作坏事，此虽意在为己而为人之实亦自在其中。窃谓贷款于农村，于此点极应重视，似不可单任银行之无社会思想无教育能力者为之，而失此施教之良机也。

贷款而助之生产，加大其生产之力，实社会进步之道。惜向日权子母者，无此征标。近日喜左倾者反加以恶名致此助人生产之道，亦隐而不彰，不能自立。此我国农村银根愈缩，金融愈滞之由来也。窃谓此后农村贷款之道，似不应如向日之单纯，而亟应留意者有六：

1. 须留意多认识农村之人，并熟悉其环境；
2. 须注意助其为生产之事业；
3. 贷款后须当留心其行为，指导为合理之消费，并代防其作冒险之事；
4. 收款时须加体恤，勿过严刻，——催收员尤须特加训练，使之温和有礼，不挟带官气；
5. 须为期限较长之计划与准备；
6. 须使借款之农友，视贷者为其周缓急之良友、新生活之导师，而非纯然图利者。

贷款农村者，必俱有以上六种之诚意与态度，而后其贷款无可有救济农村之实，不至生古时青苗法之流弊；但推行银行之纸币，而不令人民有自立自主之经营，似犹非引人民奋发之道。故银行之力，虽不能不借，而借之方策，实有研究之必要。

邹平之发行仓谷证券，实含有下列数意：

1. 对仓谷令其集中一处或数处易于管理；
2. 对金融令农村居于自立自主之地位，更进而关心公共财政；
3. 以此为练习团体事务，并培养其公共之心。

至发行之权所以归之各乡，而不归于县立之金融机关者，以县立金融机关居近于官，滥发之危险较乡村为更大，防遏监视亦无适当之人也。由乡村发行，而县为明察之机关，更以县立金融机关为佐助之法团，如此构结，庶乎可使乡人留心县中之财政，而乡村自身亦不能有滥发之便利也。

再以仓之集中言，非但管理较便，而利用亦较便。近年外粮人口日增，国内之面粉公司亦每多喜买外粮，而不喜买本国之粮者，何也？国内之粮零散而不集中之故也。故农村有粟贱病农之苦，都市成外粮充斥之场。若励行仓政，使各地之粮，常能集中；如不利用则已，一欲利用，即有以与大量购粮者之利便，而应其需要。如此亦未必不可少减外粮人口之势,而救农村粟贱之苦。此亦仓之集中所以为要之由也。

至发行证券使与货币同一流通,对国币言,似有增加纷乱之虑。然纸币本为代表实物,利便交易之具,近日学者所以主张发行纸币之权应归中央者,为其可借以调剂全国金融不令私人窃为营利之用也。今各省银行每多自为发行,而所以致用者,亦多在自营厚利,而不在调剂金融;救济农村,更难盼到。故以理论言,若认为应归中央者,则各省之省银行及现今之上海、中南、中国、交通等银行,不应上侵中央之权,下夺人民之利,而自占发行纸币之权也。即以省银行言,考其已往发行之成绩为河南、山东、山西、河北等省银行之票,以及北平平市官钱局之券,至今何一不等于废纸。主持发行者,何一不拥私财巨万。然对此负责者究为何人?若私人发行而停止兑现,则债权者破其产,官厅中罪其人,势所必然,何至如此即了。且独占发行,本为向时德日君主国之法,欧洲大陆学派之说,非共和国所应尔。如德日等国虽为中央银行所独占,而北美共和国则殊不然,常分在各州及各准备市。我国幅员广阔,交通不便,官家信用,尚未孚于民,信用证券之发行,似本不应由官家独占。况当此世界金融未稳,地方情形未一之时,独归中央,易受世界之影响而动摇;分归省府,亦易为大吏所捲逃而亏民。故无论中央政府与省政府,似俱不可不顾理论,不顾事实,而思自为把持也。然令私人及资本家用为经营私利之具,则亦非是。邹平负实验县政之责,所以于仓谷证券设计实验者,非苟步发行私币之后尘,实欲以此为人民自立自救自助互助之试验,而促进其自治之轨道也。

案邹平各乡证券发行之值,以仓谷多少为准。或有以为危险者,谓应按价值之六七折发行。惟设计初意,以本年谷价甚廉,农民甚苦,尚欲仿古常平仓意,照时价额稍多发行,以资救济。嗣议者咸以为险,遂定为照时价之实数发行。然犹有以为险者,令余与发行之乡磋商保险之法,该乡遂议定由各庄长全体负责。其中老者，慨然对余曰：近年对于我等之摊派，纷至杂来，益处何在，理由何在，咸不得知；而我等尚且应命，如数奉纳，今对此确有实惠于我等之证券，且有官府为证，我等岂反不乐从，而不负责乎？窃以此真呕心血之言！彼不置信于乡民，而常发偏于一方之议者，亦可以省矣！且今各银行及私家商号发行纸币之准备金，果有几何？人孰见之？亦并未闻官厅按时检查，使其确有若干之准备也。今对纯营私利者，尚如此放任；对人民自救，而属公共者，亦何可过分严责，遏其生机耶？何况此项证券以谷为准备，其最后之用，实过于金银，时值年荒，其价值亦必倍增。故窃谓当此粮贱之时，发行额数，稍微超过实值，亦似无甚若何不了之危险。粮食本为国人唯一之命脉，际此仓贮不实，农事衰颓之秋，按理公家即应特筹款项为之设备，为之购存，今不能此，而于人民自为者，岂尚可苛求而不稍假以便利乎？此仓谷证券按贱时实值发行，而不再加折扣估计之所由也。

　　至仓房之修理与仓谷之保管，证券之使用与兑现，皆定有细则，兹不多赘。然要而言之：不外发行之权虽在乡，而监察兑现之权则在县；仓贮可常令人察看，以获信于人；证券亦不能自由发行，而必统制于官，盖须受限制于代兑之农村金融流通处也。故农村金融流通处，一方为代兑之机关；一方又为节制发行之机关；再一方又为管理粮食，控制粮食之机关也。其存粮有粜陈贮新之要时，且可与各乡协议，一变而为临时运销合作之机关。至金融流通处详细之职责则另详，此不多赘。

成立菏泽农民银行刍议

一　绪言

菏泽自前年大水后，与华洋义赈会济南中国银行民生银行等接洽办理菏泽农赈贷款，旋于去年春季施行以来，共计组织互助社二百六十余处，贷款十二万元，将灾后农民生活的困苦，安全渡过。去年秋后，农民恢复生产，稍有余裕，即将农赈结束，收回贷款。在先原拟于第一步组织互助社时，即预备经二步之工作，由农村互助社之组织，改组为农村信用合作社之组织。所以于去年农赈贷款结束后，即计划将互助社改组为信用合作社，拟定办法与各乡讨论，并订定章程及存款放款业务之经营办法与规则等，分送各乡校设计进行。于今日计，改组成立者已有二十几处，现在仍进行此事；预计此二百六十余处互助社，改组成信用合作社者，至少总在一百六十处一上。有此一百六十处信用合作社之经营，于农村金融上，总能有相当的扶助。不过，以初次办理，农民信赖合作社以融通资金的意志，实在太薄弱；因此不得不由政府预备贷款，以低利贷予信用合作社，奖励其进行，以尽扶助提倡之意。

现在菏泽地方，预备贷放于信用合作社之款项，除各银行的贷款外，地方各项基金，已有七万余元；再加上去年地方互助社贷款、凿井贷款等，总在十万以上。有此项的数目，悉作信用合作社放款之用，在一县的地方，已足敷应用。但有十万之资金，如应用不得其法，亦足以病民；如政府以政治力量，将十万资金，定一期限，贷予农民，以救济其金融，到期又必须归还，则未必能应付农民的需要，而反给予农民一种还款的痛苦也。如去年之贷款，即有贷款以购买耕牛，而到期又须出卖耕牛以还款者；将耕牛卖却，其农业经营即又为停止。这样，借款时可以说是利民，而还款时也可说是病民，于农民的利益殊少。所以此种贷款的方法，实有急应改革之必要。最好以农民的需要而定贷款的与否，何时有需要，何时即与以金融的流通。因有前一次互助社贷款的影响，今日农民贷款的需要，不下于去年灾后的程度，则对于贷款的方法，贷款的经营，实有研究改良的必要。不如此，便不能尽扶助农村之道，及活泼农村金融之本旨。

加之，贷款合作社对其资金用途与资金周转上，须有专门扶助进行的机关，非行政人员于行政组织上，所能兼顾。又于经济的隐藏性上，亦非行政人员所能得以明悉。因为有这些问题，所以于农村贷款资金的运用上，不能不加以研究，使此十万资金，得能充分应付经济的需要，尽扶助信用合作社贷款的机能。

况照菏泽实验县的三年进行计划上，第二项的规定，即有县农民银行创立之规定，其原文为：

"农村经济之组织及发展，必有金融机关之提携融通，方易推进。查本县各项基金，计达七万余元，再加农民贷款凿井贷款及筹划商股若干，资本可达十余万元之谱，拟组设农民银行以谋金融之流通，而促农村之改进，其进行步骤如下：

二十二年五月一日起至二十日止，先成立筹备委员会；

五月二十日至九月三十日为筹备期间；

十月一日开成立大会。"

以时计之，现在成立筹备的期间，都已越过；这可说因为黄水的影响，以致未能实行。我们现想仍本此计划，分析农民银行与农村金融的关系及组织的必要，以供研究参考。

二 农民银行与农村金融的关系

银行的经营，是融通社会的资金；此项资金，并不是自己的资本金，是完全从社会上吸收来的游资。以此游资，以转贷工商企业者，而扶持其经营。农业亦为企业的一种，其需要银行的程度，与工商业需要银行相同。近年因国家秩序不定，农村破产，平日当铺钱庄等固有的农村金融机关，也都无形解体；资金不能存留于乡村而流入都市，以致农村高利贷盛行，剥削农民血汗，压缩农业经营。近中银行界之农村投资，财政部之规定筹设县地方银行各办法，无非为融通农业资金，救济农村打算。

农民银行的性质，具有其他农业银行的业务而进一步求农村金融（农村金融与农业金融不同）的调剂。目的在扶助农村经济的组织，农民信用的圆滑。是为提倡农村合作事业、增进农村社会的利益，而流通金融；非单以营利为目的，而经营其业务。此实为农村社会中，最需要的一种金融机关。

银行的业务既是吸收社会上的游逸资金，以为周转活用；农民银行也无非是吸收乡村社会的游逸资金，以为经营各种业务之用。乡村社会的游逸资金如：（1）经营农业资金的休息部分；（2）农村资金太多不能运用部分；（3）农村资金太少，不能经营农业的部分；（4）农村中的公共资金；（5）农村中自由职业者闲散的资金；（6）有特种目的的游逸资金；（7）乡村工商业者的剩余资金等。至于其他菏泽地方商业上的储蓄资金、休闲资金等，总不在少数；如农民银行经营得法，都可将这些游资吸收过来，用之于农村的生产事业，周转全乡村的金融。并不必依赖自己的资本金，运用即可以灵活，这于乡村金融上，当可得到无限的利益。

农民银行融通农村资金，不同于一般的农业银行，只行对物信用，而不行对人信用，只要具有物的信用条件，就可以得到借贷得益；如有棉花千包，大量不动产等，自可以抵押贷款，或辗转贷款。而农民银行是对人的一种信用，除了主要的业务之外，有余裕的资金时，有特别情形时，始经营此种业务。于可能范围内，总是行信用贷款。它重视合作社之组织，重视贷款的用途，而不重视其现物的状况，其主要的目的，是在融通农村的金融。有下列五种特点：（1）融通生产期前的资金，并非以生产后的结果，而行贷款；（2）尽量扶助有组织的生产团体如合作社等，而不单行生产物的贷款；（3）维持企业生产的团体，继续其经营的发展，而不单以其财力的状况为标准；（4）完全以明确生产上的用途为标准，而不经营投机的事业；（5）于资金有余裕时，始能经营其他对物的金融。有这五种特点，所以农民银行，是真实的融通农村金融的机关，尽其融通农村金融的机能，因此就有极应设置的必要。

三 农民银行与信用合作社的关系

农民银行对于农村金融的关系，既如上述；其融通农村资金具有的五个要点，就是完全与农村合作社发生的关系。可以说没有农村合作社，便没有农民银行；没有农村合作社，农民银行的业务便不能成立。所以农民银行与农村合作社的关系，是相互关联的机关，这二者是一个大的机体，信用合作社尽其部分的机能，农民银行尽其统系联络的效力。于全县信用合作社联合会未成立以前，有代表联合会的机能。经营各信用合作社的存款，而对于各信用合作社放款。又于其他业务的联络上，尽其互助的效能；二者的关系，实具有不可分离的状态。于信用合作事业未有基础，在普及的提倡时，农民银行是必需的扶助机关、联络机关，及过渡的金融机关。

农民银行的存款业务，系吸收农村中游逸资金。此种资金，固可以自己吸收而来；而其大部分，完全由于信用合作社间接吸收而来，转融通于农村生产上。农民零星储蓄的收集，完全是信用合作社的机能。信用合作社以少额的储蓄，汇集成大量的金资，不能运用时，只有存储于农民银行生息；农民银行可以转融通于其他信用合作社。信用合作社的资金运用，不无紧急时期和休闲时期。在农家生产的时期中，社员对于生产上的资金，当然需要大部分，因之形成金融紧急的时期；在非生产的时间，农家对于金资的要求，自然淡薄，此时信用合作社的余裕资金，不能不存储于农民银行，以图经营上的利益。此类的资金，如：（1）存款过多；（2）社员中途的还款；（3）购买事业存储的资金；（4）贩卖事业存储的资金；（5）其他事业的保证金；（6）结算后的盈余金；（7）结算后的公积金；（8）其他经营上的犹豫资金等。凡由此等情形来的游逸资金，如存置于社中，必蒙受很大的损失，故存储于农民银行。固然，一面农民银行依赖这种存款，而一面亦为信用合作社所必须存储者，此农民银行与信用合作社连带关系之一。

农民银行吸收农村中的游资，和信用合作社的存款，以融通乡村金融；但仍以融通于信用合作社为主。信用合作社融通农村的资金，亦有时期的缓急：在非生产时期，自己的资金有余；在生产时期，自己的资金不足，必须求贷于农民银行，以资周转。此外信用合作社于农村金融上，尚有下列的情形，需要农民银行的贷款以融通事业的资金。即：（1）信用合作社兼营利用事业时。如购买大量的土地，作共同耕种合作的事业；或共同购买材料，行共同建筑住宅合作的事业；或于村中购买机器，共同经营农村工业的事业等；则必需借款，始能经营。（2）信用合作社兼营购买贩卖事业时。如共同购买肥料籽种，以及共同购买日用必需品；或共同贩卖农产物、原料品，以及贩卖地方特产等，都需要贷款，始能进行。（3）信用合作社对贩卖合作社等之贷款时。如贩卖合作社与信用合作社特约供给贩卖费用之贷款时，或自己经营一部分事业而贷款时，则必需向农民银行贷款。（4）信用合作社因社员发生大量借款时。信用合作社如社员发生大量资金用途，必须借款时，亦必须向农民银行借款，以融通其社员资金。凡有此等情形时，都是必须向农民银行贷款，始能经营进行。此一面固然是信用合作社必需的贷款，而一面也是农民银行必需融通的资金。此乃农民银行与信用合作社连带关系之二。

农民银行主要的业务，是行对人信用；对人信用之组织，即信用合作社之组织。对人信用之贷款，须限于正当的用途；这种用途的监督，和信用合作社信用力的分析，二者亦发生连带的关系。信用合作社对于社员贷款的用途，每加以限制，限于生产上的必需费用；而又有信用评定委员会之规定，评定社员的信用程度，以定贷款的方法和金额。农民银行对于信用合作社，亦行同样的监督和评定；对于信用合作社贷款的用途，每加以限制，非有正当必需的用途，则不能贷款。对于信用合作社的信用力，亦时常加以监督，分析研究，如对于：（1）信用合作社经营资金之来源与性质；（2）信用合作社经营资金之用途与分配；（3）信用合作社经营者的才能和经营的状况；（4）信用合作社贷款后的生产力；（5）信用合作社之事业扩展情形；（6）其他信用合作社之信用程度等。都需要特别注意。此固是农民银行应负的责任，而一面信用合作社亦正需要此扶助和监督。此农民银行与信用合作社连带关系之三。

从此三者的观察，农民银行的业务，与信用合作社的事业，亦相同；所以农民银行也可视为一个大的、不完全的信用合作社。成为全县金融流通的一个有机体。信用合作社负小区域小范围的金融责任；农民银行负大区域大范围的金融责任，彼此联成一环，成为整个乡村社会的金融制度。由此制度，流通全乡村的事业金融。正如所谓金融如螺旋，不旋转，不能尽螺旋的效用；又金融如人体的循环器，不循环，则成为病态。有金融的制度，有金融的流通，则能尽金融的效力了。

四 如何筹备菏泽地方农民银行及其理由

菏泽地方信用合作社的组织至少有一百六十处，菏泽地方的贷款已有十万的数目，而农民银行的成立又系实验县的计划；则似亟宜促进农民银行的成立，以改进贷款方法，使农村金融圆滑，以达到乡村初步金融事业建设的目的。

农民银行的成立，必须要有筹备的期间。以前计划的筹备期间，业已越过，今后仍须重新规定。以前的筹备期间，仅有五个月的光阴，今后的筹备，如以期间太短，亦可以酌量延长；此中要有活动伸缩的余地。

筹备的人员，不妨加多；除实验县的县长，三、四科长以外，可以多聘请地方有力人士，或对于经济财政行政有研究经验者，为筹备委员，设计进行，以收众擎易举之效。

此筹备会的组织，可设下列三部分：

（1）总务部分（或称总务股）：关于调查、文件、设计、筹划等一切事务，总归此部办理。

（2）贷放部分或称贷放股——一面筹备银行的成立，而一面必须先经营贷款的事务。关于信用合作社成立的指导，以及一切贷款事务等，概归此部分办理。

（3）出纳部分或称出纳股——关于股款的收存，贷款的出放，以及其他款项的收支等，概归此部分办理。

此项组织，或分作五部分办理，亦无不可。筹备委员至少须有九人，多至十五人。筹备员，必须为银行的股东；筹备员合组筹备委员会。此外，可以酌量聘请赞助员，赞助员亦须为地方人士，并认购股分，以赞助本行成立。本会就委员中，互推主任一人，总其事务之成；各部分再推负责人员，分头办事。在筹备期间，办事人员，多系兼职，亦无何费用，只有办公费而已。此项办公费，属于银行业务者，仍由银行开支。

总之，此筹备之情形，可依事实之需要酌量进行。至于筹备之事甚多；兹举其重要者如下：

（1）菏泽地方农民银行章程之草定——现在中国尚无"农民银行条例"之颁布，只有依照股份有限公司条例组织进行。可以参照江苏省之农民银行条件，豫皖鄂赣四省之农民银行条例，浙江省县之农民银行条件等，再参考地方情形拟定，呈请省府备案。其章程中规定的项目，为：a 组织之规定；b 资本之定额；c 成立之年限；d 营业范围之规定；e 股分之规定；f 股东会之规定；g 董事会之规定；h 职员之规定；i 结算盈余之规定；j 其他附设办事处或代理店之规定。

（2）商股之募集——此农民银行，原系地方银行之性质，官商合办之金融机关。以地方人士的力量为主，政府不过处于一监督的地位。所以商股之募集，为筹备时期最重要的事务。而股金定额过高，募集必很困难，最好亦采用浙江之办法，将商股分为两种：（一）整股，每股金额五十元；（二）零股，每股金额十元。如此规定既于募集便利，而又可以予热心参加农民银行事业者之机会。

（3）地址之筹划——营业地址为筹备期间之最重要事项。在一县地方的农民银行，有地方之保护力量，亦无需过于坚牢之建筑。如能觅一公家较坚固之房屋，既可以省除大量固定之资金，又可以省除修造的时间。

（4）厘定各种规章——如股东会的招集办法，董事会的会议规则，农民银行营业规划等，都需要拟定备用。

（5）职员之聘请——照例由董事会聘请经理，执行业务上的总责任。董事会则负随时监察的责任，为最高权力机关。银行的经理，须有商业的才能；以地方商业情形的熟悉，及对于银行业务的研究等，非内行不行。所以在筹备期间，必须注意此经理人选的问题。

至于其他应筹备的事项很多，不必细举。

五　菏泽地方农行之成立及业务规划

照各处地方银行，成立资本之观察：在青岛地方农工银行成立，仅有资本十万。浙江衢县地方农民银行资本定额二十万，收足四分之一，即开始营业；即有五万，可以成立。江苏省地方农民银行，仅收足二十万，即开始营业。我们参照这几处的农民银行等，菏泽地方农民银行筹备妥善后，组织成立，即可以开始营业；因为现在已有近十万元。即以资本定额为二十万，现已收足二分之一，当然可以开始营业。所以现在菏泽地方农民银行，只是组织的问题；组织完善后，即可以正式成立。

农民银行组织成立后，其营业的范围，亦须规定。在最初的经营，社务的范围当然要小，不宜扩大；但最低限度，须经营下列几种业务：（1）存款业务；（2）放款业务；（3）汇兑业务；（4）保管生金银与贵重物品及各种有价证券；（5）保管地方公款；（6）政府委托代理及特许之业务。

在存款业务中，以便于农民、私人、合作社、公共机关，以及私人团体等为目的。至少须经营下列三种存款：（a）往来存款；（b）定期存款；（c）储蓄存款。此三种存款，亦须各别定立章程规则等，以便存款人遵守；对于存款人之存款，有严守秘密之义务，以尽为存款者服务之目的。至其存款手续，在可能范围内，力求简便；存款利息，于可能范围内，尽量提高，以尽吸收存款之主旨。

对于放款业务，以对于农村组织之合作社为主，以生产必需的用途为限。如款项有裕余时，亦对农民个人放款，须取具相当之抵押品或铺保。其放款业务的范围，至少须经营下列三种的放款：a 信用放款；b 抵押放款；c 贴现。此三种放款，都适用定期、分期、往来透支的办法。分散放款，于最初经营，期限最长亦不过三年。此种放款业务，亦须规定最适宜的放款章程，以资业务上的便利。

关于汇兑的业务，在菏泽方面，尚无专经营此种业务的机关。菏泽为鲁西之经济中心，商业繁盛，而在外间人士又很多。据商业上往济南往来汇款之估计，一年亦在二十万以上；再加其他各方面各处汇款，每年总在三十万左右。此种业务，很有可经营的必要；其进行，可先从本省重要通汇地点作起，试办通汇，待到经营略有根基，再推及于各省地或国外。办理必须谨慎，对于外间的特约机关，必须作一详细的信用调查，以期于确实。亦可依顾客之需要，而适用信汇、票汇、电汇三种方法。

保管金银锭块、有价证券,及其他贵重物品等,即受寄托者之委托而为保管之业务,亦为必须经营者。保管地方公款,也是地方农民银行的特权,即代理地方金库的业务,亦不能为例外之事。其他办理政府之委托代办等业务,及特许经营的业务,也是应享的权利和应尽的义务。

至于其他地方业务,待经营稍有基础,亦可进行经营。至农民银行有余款时,亦可以存储于指定银行生息,或购置生产事业之公债等,得董事会之同意,亦可进行其他事业。

农民银行成立后,此等业务的活动,对于菏泽地方的金融情形以及地方的生产事业,当可渐次促其发展。农村高利贷,也可以渐次的停止。菏泽地方的福利,当可无限量。

六 结语

此"菏泽地方农民银行的刍议",不过一简略提要的意见;于实际上,尚有许多应研究讨论的地方。现在菏泽农村贷款的办法,及农村贷款的经营,实有研究改革,以增农村利益的必要;故建此议,以待地方人士之努力和政府的设施。而亦无非为菏泽贫苦的农村,及全体的农民请命而已。

(二十年一月十五日)

丹麦的合作运动与土地政策

［丹麦］马列克先生讲演

马列克（Peter Mauniche）先生是丹麦的教育家，现任国际民众学院的院长。不但如此，他同时是一位平民化的学者，农村伟大的领袖。他是中国的好朋友，因为他极同情、关切中国；也是中国人的知音，因为他是纯朴、热肠、诚恳；不然，他到中国来，怎能引起中国社会上对他这样地注意呢？他说中国和丹麦一样，是个没阶级的农村社会；那末，我们要想办法，自然离不开农村社会的范围。他们是试验合作制度的成功者；所以合作制度，至少是值得我们注意的。

在教育上，马先生说丹麦的小学的教室，不是楼房，更不是茅舍，而是新鲜、碧绿的田野。天真的儿童们，直容他们享受大自然到十八岁，才回到学校。十八至廿五岁，他们不像我们这样地用功读书；因为在这个时期的青年脑筋里充满了问题。学校的本份不是将他们的问题增多，而是给他们回答问题。读书诸君请想想念书的事情，甚至整个的人生，除了解决问题还有什么？这一点与梁漱溟先生的求学问要以问题为中心的主张适相契合。本来宇宙间的真理好像数学中的答案，当你没去寻找时，已在默默中存在着：如果你所找出的不对，那会错出千奇百怪的花样来；但若是真实，结果大家一定是不谋而合的。

以上为口译者张锡龄对马列克先生的介绍。

诸位朋友！现在我非常高兴，就是我从很小的丹麦国，能到广大的中国来观光。也许丹麦对中国是一个好的榜样，因为中国现在已渐渐的参加了国际生活。丹麦最大的贡献，就是大规模的农业社会生活，差不多在一百五十年前，大多数的人民都是农奴，他们都是大地主的佃户，每礼拜都要为大地主做四五日的工作，其余的两三日才能回到他们自己的田中去工作。当时在丹麦的土地，多半都是分成一条条的，每条大约有二三英亩的样子。在一七六〇至一八六〇一百年间，在欧洲发生了一个很大又很普遍的运动——即大家所谓自由解放运动——在这种运动中，大多数佃户——农奴，都被解放为自由自耕的农民和土地所有者。在英国以前，差不多所有土地，都是由佃户耕种；现在，都在此种情形之下解放了。在德国大半的农民也都变成了有产业的农民；尤其在丹麦更是成为一个很显著的运动。此种运动多半由于宗教派来作领导。在丹麦是由贵族或都市的人来领导；丹麦之所以如此，是受德国宗教派的影响。在德国的运动是发动于很有力的宗教。也可说是在卢梭的领导之下，农民都由须为地主工作的劳役之中解放了。

丹麦农民的解放，首从经济入手。至经济的来源，是由国家发行公债贷给他们；在丹麦当时就有一八百五〇个合作社，用很方便的方法，很低微的利息，使农民容易借款。借款的条件：是以土地为抵押。到了一八九九年，丹麦政府就颁布法令，允许人民私有土地；在此种办法之下，就有 $4000 \times 9/10$ 英亩的地给人民私有。借款年利是 3%，另外还有 1% 的费用；常他们将所应拿的钱拿出后，对于他们所耕种的土地，就有绝对的所有权，不受任何的干涉。此外还有一个条件：即绝对享有此土地的所有权者，必在此土地上耕种五年，人心忠厚诚实，无饮酒赌博等等不良的习惯。此种种条件，都能真实的履行以后，每人便可得到四亩至六亩的土地。这种办法，在丹麦几成为一种很普遍的法律；在此法律的应许之下，公债放有一万一千元之多。但此种公债也有两种困难：

（1）依上面所说每人履行各种条件后，可得四亩至六亩的土地。但此土地太小，不能维持一家人的生活；所以以后又要求增加，结果每人可有十亩至十五亩的土地。在此种办法之下，公债差不多就有一万二千元至一万三千元之多。

（2）他们借款的利息，仅付与国家3%至3.5%；以其利息之低微，借款之方便，故买公债的人特多，供少求多，因之债票增高。

因为上述情形，所以在一九一九年又重新定出一种法律，把全国农民都做了国家的佃户。按此法律就有六千小片土地，不用花钱，都可成为他们自己的土地，——每年仅向国家拿出一点租金；租金是视土壤的好坏而定，而同时也要顾及地价和金钱的购买力来竭力求其均衡。现在丹麦差不多有一千至二千的农民有一百亩以上的土地者，有六万五千农民是有二十亩至一百亩土地者，不到二十亩的农民有十三万五千人。丹麦农民差不多都有小量土地；这种小量土地不是困窘，而是正适宜于他们的生活，并可将所余谷类向外输出。

在一八六〇年至一八七〇年时，就有美人及阿根廷人来丹麦和丹麦人竞争；他们都是有很好机器及大面积土地的，在形势上当然丹麦人有些不支。于是丹麦人在这种危急的情形之下，自不能不另想办法，而一致的主张改变土地政策。原来丹麦本有谷类向英国出口，现在他们又养了许多牛和猪，差不多每两人可有一头牛，一人可有一头猪；他们便拿出食粮来饲养这些牲畜，农民便可大部分不吃谷类，而改吃他们的牲畜。以牛乳做成黄油、牛酪等，以猪肉制成腌肉，所以美人及阿根廷人便没法再来和丹麦竞争。

黄油和腌肉的价格都不十分高，其所以能如此，都因为他们是联合起来共同去做，——采用合作制度。大家同心合力的来办牛乳厂合作社，及屠宰场合作社。第一个屠宰场合作社，即在一八九九年农民自己成立的。在一处有三百个农民，就可组织成为一个合作社。农民可以将所出产的物品，完全送入合作社内。合作社的最高机关为全体大会，每人十五头牛，在讨论议案及选举时，便有一投票权，无论他的股份多寡。这种大规模的制造黄油及屠宰厂，当然需要多量的资本来办理；这种资本来源，仍是凭赖于公债。但对此公债的负担，是落在全体社员身上而非个人。合作社取得公债金以后，便可用此资本来作一切最切要的设备，如购买机器及雇佣工人等。在牛乳厂中工作人员，没有固定薪金；其薪金即按所生产物品总价值4/1000平均分得之。假使牛乳厂内所做的黄油好而又多，农民便可多得一点收入，而同时工作人员的工资也可提高。当农民将所出牛乳送入合作社时，先计其数量；送的人可以按牛乳价值得到5%的报酬。现在丹麦已有一千三百二十个牛乳厂合作社，所有90%的牛都在合作社注册；还有六十二个屠宰合作社，所有76%的猪都已属于屠宰合作社。农民的食品、用品都是到合作社中去买，——电的供给是合作社，肥料等的供给也是合作社；合作社在丹麦成为无所不包的东西：一切生产、运销、消费等事，完全包容于合作社的范围之内。农民也拿出整个精神来维护他们的合作社。丹麦之所以注重合作社，合作社之所以发达，是有下列几个理由：——

第一，丹麦是和中国一样的在农村中没有多少等级。农民可以常到一处；彼此情味相通，不甚隔膜。有什么问题，大家可跑到一处去商量。所以能在一起形成一种共同的生活。

第二，丹麦自农奴解放后，于中国一样，没有大农。他们所出产的东西，多半零星出售，这样很受中间商人的剥削，所以他们很愤恨这些中间的经纪商贩。但他们个人力量小，想避免这种中饱究非易事；所以只有共同的合到一处去作他们所必要作的事情。

第三，丹麦与中国不同而亦成为合作社发达之原因者，以有国外市场。英国是纯工商业国家，他们有百分之七十至百分之八十农产品要仰赖于丹麦，有百分之三十至百分之四十的黄油、腌肉、鸡子要仰赖于丹麦；所以也必须赖合作社才能办理。可是不幸，现在的英国市场是丢掉了！因这次世界经济的大恐慌，素唱门户开放的英国，现在也高筑起关税的壁垒来，竭力拒绝外货输入；所以丹麦受此打击，是要渐渐的贫困起来。现在的丹麦人每一家庭（平均按五口人计算），有四五间大房屋、一架无线电、十一至十五头的牛、十五至二十头的猪、四匹马、一辆汽车。但虽有汽车，而不能设备，——因他们的力量，是有些来不及。

第四，丹麦另外还有一种最好的制度，就是民众高等学校。此民众高等学校，可以使丹麦农民，变成世界上最好的农民。故每人都能过他们自己的经济生活；而那经济生活，是有力使他们可以趋随着开辟路途的领袖往前走。所以能养成一种合作的精神。倘一人成功，他一人也很快乐，绝无有漠不相关或含有嫉视的意念。这完全是丹麦民众高等学校的功绩。格龙维（Crundtuig）先生便是民众高等学校的创始者，也就是丹麦前途的开辟者。他是丹麦伟大的人物；他之于丹麦，亦犹孙中山先生之于中国一样。在这，可以稍为申述一下。

格龙维先生有伟大的人格的理想，和最持久的毅力。他活了约九十岁，——生于一七八三年，死于一八七二年。当他七十七岁时，他的第三个太太才替他生下一个儿子。格龙维先生越老越勇敢，也更为伟大；凡是他所认定的道理，他必要出死力以赴之。同时他也做过一种宗教生活。因为他在内心里，对一切都把持得很紧，所以他可以走得很远（即内心认识道理清楚后，则绝不放松，而同时外面行动的力量也愈为大意。——敏注）。他极相信民主政治，希望每一农民都要在国会中有其位置。但是要使农民能投票开会选举，懂得国家法律制度，明白做一个公民的一切，都非先受教育不可。他以为当我们教一个人做公民时，不应从儿童时起，一个儿童就好比一棵极柔嫩的花草一样，就应当颜色很新鲜嫩绿的。我们不应硬加工夫，揠苗助长，使他显出一种病态。所以在十四岁至十八岁的这一个时期，我们不应使他们入学，此时期最好的教育，就是在很优美的田野中，让他们可以尽量领略到这很有兴趣的少年生活。受教育的最好时期，应自十八岁至二十五岁，因为在这个时期中，每人脑筋里都充满了问题。学校不是把问题放在学生脑海里，而应是替代学生去回答问题。最深刻的问题，就是申明本身生命问题。如我们为什么生存在地球上？我们一生应作些什么事？此等问题，应当在读历史时去得到回答。历史不是片断琐碎毫无意义的事实，读人类历史，他是可供我们参考过去的成功与失败，用以解决人类问题的。我们不应做一历史的消极旁观者，应在历史中活动，做一个积极的历史创造者。格龙维先生的思想大概是如此。以丹麦之小而尚能炳耀于世界者，也便是这种思想的结果。但是，现在丹麦又临到了难关，我们丹麦人只有本格龙维先生的思想与精神，去大家吃苦，以求脱此难关！

  大家听了时间很久，或许不容易得其要义，我再择其要点向大家略说几句。大体上 Maunichc 先生是先说丹麦的土地问题，在从前土地是在地主手里，农民给地主耕种，成为农奴，后来国家想法解放，使农民都自己有了土地，这是第一步。第二步是从有了私有土地而又走到合作社的路子，发达其产业，来过他们的生活。生产、运销、消费等等都是从合作社里来，挣钱、享用，一切都仰赖于合作社；故让大家都有富力，生活都很优厚。这里应注意他常说的牛、猪、马等牲畜，因为丹麦农业最注重畜牧。他们这些东西卖出英国最多，英国成为他们的一个大的市场。他们有了富力，差不多每家都有无线电及汽车。此处应留意他说的"每人都有小片土地，大家共同走合作的路，共同组织合作社，每人只有一投票权"，其社会之着要点即完全在此。他又讲，要想创造好的社会，那必须靠教育。丹麦老教育家格龙维先生的教育，使十八岁至二十五岁的农民都受教育，此教育为回答问题的。什么问题最重要？那当然是人生问题。我们为什么活在世界上？活在世界上应干些什么？从此启发，所以才能开出好的心思、好的文化、好的社会生活，经济富足。他曾说他们已失掉了他们很好的市场，英人增加关税阻止丹麦货物的输入，仿佛要一天天的穷将下去。这个问题他没有向下说，我们在谈话时曾谈及。他们全国共计三百五十万人，约十个丹麦才有一个山东省大。他们疆域狭小，缺乏煤铁，和发展工业上一切必备条件，只有去仰赖农业，但农产品又被外人拒绝不能卖出。处在这种情形之下，实无良好办法。我当时转问他："如何对付这个问题呢？还能就让他穷吗？"他回答说："我们丹麦人可以共甘苦；贫虽贫，但可以共贫，也就觉不得苦了。"丹麦国家虽小，因人民有知识、能合作、有情谊，所以彼此很亲切，所以能大家共贫。但他们的穷，恐怕很难得转弯——除非世界有一个大转变。

注：本文系马列克先生于本年一月二十七日在邹平本院所讲演。当由张锡龄先生口译，黄省敏先生笔记。最后由梁漱溟先生于马先生讲毕，复加以归纳申述，指出本文要点所在，和补充与马先生谈话，可与本文互相发明之点，颇值读者参证。至马先生之为人，已由张锡龄先生于篇首略作介绍，可资参考。